近代日本語の当為表現

湯浅彩央 著
SAO YUASA

武蔵野書院

近代日本語の当為表現——目　次

序章　研究の視点と方法

第一節　研究の立場と範囲

当為表現（前項部〜ネバ、〜ナケレバ、後項部ナラナイ、イケナイ）は一つの表現形式でありながら、否定助辞の条件表現と禁止表現という二つの表現が合成された特殊な表現形式である。[注1]ところが従来の研究では、当為表現は否定表現の一形式として、あるいは当為表現のみ扱われており、形式の変化はある程度明らかになったものの、他の表現との比較が課題として残されていた。両表現の比較により、当為表現の特質がさらに明らかになると考える。そのため、本書は否定助辞の条件表現、禁止表現との比較・対照を行い、先行研究では解明されなかった点に迫ろうとするものである。

対象とする時代は、近世以降とする。それは、後述するように標準語（共通語）の成り立ちを考えるうえで、さまざまな位相を検証できる資料がこの時代から多数残されているからである。

従来の近世語の研究は、資料の関係により、前期は上方語、後期になると江戸語も加わった東西二大方言について行われてきた。これらの中央語はそれぞれの地域と時代を代表するものとして重要であり、日本語史を考えていく本流をなすものである。

ところが江戸語の成り立ちについては諸説あり、現在でも活発に論じられている。近世（江戸時代）は徳川家康の江戸幕府開幕にはじまるが、その後もしばらくは政治の中心地は江戸、文化の中心地は上方という時代が続いた。江戸を中心とした文化が栄えるのは開幕から約一七〇年後のことである。ことばも同様に、江戸語は地方より流入してきた人々の方言雑居の状態からその当時共通語であった上方語を基盤に東国語が入り、融合混和して徐々に形成されたもので、その一応の成立は中期頃といわれている。[注2]

また、近世は士農工商に代表されるような身分制度が確立し、身分の違いによることばの相違が顕著であった。例えば、武士あるいは上層町人のような教養ある人々、職人や下層町人等の比較的教養の低い人々、その他、遊里やいさみ等の特定の集団に使われたことばがあり、身分の違いによることばの相違が明確であった。

このように、江戸語は地域や身分によることばの相違を生み出した。ことばの多様化が江戸語の大きな特徴といえよう。

以上のように、近世語に関しては、上方語、江戸語の比較・検証、さらに位相等の考察が不可欠なのである。

しかし、周辺には多くの方言が存在しており、現在も存在する。日本語の歴史を考えるとき、主要な中央語とその周辺にある諸方言とが共存して各時代の言語を形成しており、それらを時代的につなぎ合わせたものが日本語の歴史であると考える立場もある。この考え方に立てば、中央語と地方の方言が地理的・文化的にどのように影響を与えていたのか、その関係がどのように展開してきたのかが問題になってくるであろう。

以上の考えから、本書では上方語、江戸語に加え、近世後期の尾張地方を舞台にした資料を用いた三地域の方言を扱う。尾張地方は東西方言の緩衝地帯に位置するため、上方語から江戸語へどのように連続していくのか、あるいは両中央語の影響をどのように受容したのかもあわせて考察を行う。

さらに、つづく近代も取りあげる。東京語の成立については大きくわけて二説出されている。第一は江戸語から変化を起こしてできたと考えるものであり、第二は教養層のことばを基盤として成立したとする考えである。[注3]この点に関しては、各研究者によりさまざまな指摘がなされており、議論が活発に行われている。そのため、近世からのつながりを考え、京阪語（関西語）・東京語の考察を行う。

ところで、明治時代に入ると、標準語（共通語）について活発に議論が行われるようになる。それは、それ以前の各地方において使用されていたことばを共通させ、国家の統一をはかることが急務であったことによる。この標準語（共通語）は、いずれも東京語と関連づけて論じられ、「東京の山の手の中流のことば」とか「東京の教養ある人々のことば」と考えられたりしている。このように標準語（共通語）は、東京語を基盤にして成立したとされており、それは明治二〇年前後と考えられている。東京に基盤が置かれた理由は、近世以降、その政治形態により、政治・経済・文化・学問等の発信源として国内各地に大きな影響力を持っていたからであろう。明治期は西洋文化の流入に伴い、政治的・社会的に大きな変化が起こった時代であり、教育の普及、新聞・雑誌等の書物の普及により東京語を基調とする共通語が全国的に広まったとされている。

以上のように、標準語（共通語）の成り立ちは特定されていないが、標準語（共通語）普及に大きな役割を果たしたと考えられる国定教科書をみることにより、当時の言語意識を探ることにする。

さらにつづく現代語としては、二〇〇二年三月に『方言文法全国地図』（以下、ＧＡＪ）第五巻が刊行され、当為表現における今日的な分布状況が俯瞰できるようになった。加えて、二〇一六年一二月に大西拓一郎編『新日本言語地図―分布図で見渡す方言の世界―』（以下、ＮＬＪ）が発行された。ＮＬＪは、国立国語研究所の共同プロジェクト「方言の形成過程解明のための全国方言調査（研究代表者：大西拓一郎氏）」で、二〇一〇年から二〇一五年にかけて全国五五四地点において二一一の項目を調査している。ＧＡＪに続く今日的な様相が示されており、これらの分布から歴史（伝播）を推察し、また文献資料との比較・対照を行う。文献資料では中央語の歴史が主となっている。それに対し、ＧＡＪ・ＮＬＪは全国の分布が示され、文献のみでは推定しきれない諸地域の歴史を埋めるのに有効と考えるのである。

第二節　考察の手順

本書の第一章では、江戸語の様子を解明する。その際、当為表現だけでなく、関連する否定表現と比較し、当為表現の特質を明らかにする。さらに、話者の位相、および聞き手との関係でどのような形式を選択するのかについても論述する。

第二章では、江戸語・東京語における当為表現の様子とＧＡＪをはじめとする言語地図の分布を比較し、歴史的変化を推定する。

そして第三章は、近世後期から明治・大正にかけての上方語・関西語の当為表現後項部に関わる禁止表現を調査し、ＧＡＪの分布と比較・対照を行う。そして第一・二章の江戸語・東京語と比較し、東西二大中央語の実態を把握する。

第四章は、尾張地方の洒落本を資料に当地の様子を記述し、ＧＡＪをもとに史的変化を推定する。また、近隣中央語である上方語とも比較・対照し、影響関係を考察する。

第五章は、第四章とは異なる尾張戯作資料を用い、上方語・関西語資料を用いて行われた先行研究を参考に、当地の当為表現、禁止表現の様子を概観する。

第六章では、標準語（共通語）教育にもっとも影響があったとされる国定国語教科書を資料に当為表現の様子を概観する。これらと同時代の他文献とではどのような差異があるのかを比較し、当時の教科書の果たした役割を検証する。

第七章では、ＧＡＪ、ＮＬＪによる今日的な分布を解釈し、文献から得られた様子と比較し、変化の様子を推定する。

終章では近代日本語研究における中央語と方言についての見解および課題を述べる。

以上、この順に検証を行い、近代日本語における当為表現の様相を解明していく。

第三節　研究史

考察に先立ち、当為表現の先行研究についてひととおり眺めておく必要があろう。ところが、論文名に当為表現と冠した先行研究は少なく、従来は否定助辞表現の一形式として論じられる程度であった。

当為表現に主眼をおいた研究は田中章夫氏が嚆矢である。

田中章夫氏の研究

田中（一九六七「江戸語・東京語における当為表現の変遷」『国語と国文学』四四・四、一九六九「近代東京語の当為表現」『佐伯梅友博士古稀記念国語学論集』）は江戸語・東京語における当為表現を整理し、江戸語から東京語にかけての形式の変化をまとめている。以下の当為表現研究は氏の一連の研究方法に導かれている。その結果、前項部ネバからナケレバ・ナクテワへの変化を中心に論じている。ところが、江戸語においては前項部にナイケレバが存するが、[注4]その形式に関する記述はみられず、ヌ系のネバからナイ系形式への変化を中心に詳述されている。

寺川みち子氏の論文

寺川（一九八四）「尾張方言の当為表現―ンナランとナカン―」（『徳島文理大学文学論叢』1）は、尾張地方（愛知県師勝町）における当為表現形式を取りあげ、ンナランとナカンを接続（先行成分）、意味文脈上に違いがあるのかについて考察している。その結果、ンナランは客観的な根拠から当為行為が逃れられないと言語主体が判断する表現であるのに対し、ナカンは言語主体の主観に基づく潜在的な命令表現であると結論づけた。ただし、調査人数が少ないうえ、限定された地域であり、周辺地域での様子および中央語の影響関係が気になる。

諸星美智直氏の論文

諸星（一九八六）「国語資料としての帝国議会議事速記録—当為表現の場合—」（『國學院大学大学院紀要文学研究科』一七）は、明治中期以降の上層もしくは知識層の東京の公式の場所における言語実態を探る資料として、帝国議会議事速記録の国語資料としての利用価値・性格を考察するために当為表現を例に考察している。結論としては、東京をはじめ全国から集まってきた議員・政府委員が東京の帝国議会においては、当時東京語で多用されていた表現形式を使用する傾向にあったが、西国出身者においては西国的形式が使用され、多様な形式が認められたと述べる。

諸星（二〇〇九）「John MacGowan "A manual of the Amoy colloquial" と三矢重松・辻清蔵訳述『台湾会話篇』」（『国語研究』七二）では、明治二九年刊の台湾における日本語会話著の資料調査を詳細に記述し、「一文献としては極めて多彩であ」ると述べる。また後項部にイク系イカンの使用も指摘した。

渋谷勝己氏の論文

渋谷（一九八八）「江戸語・東京語の当為表現—後部要素イケナイの成立を中心に—」（『大阪大学日本学報』七）は、田中氏が前項部を中心に論じたのに対し、後項部を中心に取りあげ、とりわけイケナイの成立を可能・禁止・危惧・自発等の周辺の表現まで広く検討する方法を取っている。本書のイケナイの成立を考えるうえで示唆的である。

野林靖彦氏の論文

野林（一九九六）「「〜ベキダ」「〜ナケレバナラナイ」「〜ザルヲエナイ」―3形式が表わす当為判断の連関―」（『東北大学文学部日本語学科論集』第六号）は、当為判断を表す三表現がどういった当為判断のもとに用いられるのかという現象レベルの意味と、各形式固有の述べ方の意味という二つの視点から検討している。その結果、現象レベルの意味と各形式の固有の述べ方の意味は連動しており、どちらか一方では意味記述は不完全となり、非文となると論じている。

松本修氏の論文

松本（二〇〇〇）「「全国ダメ・アカン分布図」を読む―不可能からよくない、さらに禁止・当為表現へ―」（『国語語彙史の研究』一九）は、氏の調査に基づき、禁止・当為（後項部）・「よくない」（やはり試験はむずかしい。さっぱりわからないね。ぜんぜんだめだった。）の分布図を作成し、ダメ・アカンの歴史的変化を検討している。三図の比較による歴史の推定は意義がある。

山西正子氏の論文

山西（二〇〇一）「現代語における当為表現」（『目白大学人文学部紀要　言語文化篇』第七号）は、二〇〇〇年五月の朝日新聞の出現形式を整理したうえで、大学生の文章調査および会話場面を想定した意識調査を行っている。これらの調査の結果、大学生では後項部イケナイの伸長がうかがえるものの、文章語ではナケレバナラナイが頻用されることがわかる。

松崎安子氏の論文

松崎（二〇〇二）「国定修身教科書における文末表現」（『言語科学論集』第六号）では、明治三六年から使用される国定修身教科書にみられる当為表現を中心に禁止等の文末表現に着目して考察を行っている。修身という科目の性格上、一年間の学習をまとめる最終課に集中して当為表現が出現すること、第一期は前項部はネバが中心であるが、二期以降ナケレバに推移するのに対し、後項部は全期でナリマセンのみであると指摘した。

松尾弘徳氏の論文

松尾（二〇〇三）「狂言台本における二重否定の当為表現―大蔵流虎明本・版本狂言記を中心に―」（『語文研究』九五）は、それまで研究の対象がもっぱら江戸語・東京語が中心であったなかにおいて近世前期の狂言資料を用い、上方語の様子を考察している。狂言台本においてはイデ（ハ）カナワヌ（ナラヌ）からネバナラヌへの交替があり、固定的表現を用いていたことが明らかとなった。

矢島正浩氏の研究

矢島（二〇〇七）「近世中期上方語・関西語における当為表現の推移—条件表現史との関係から—」（『国語国文』第七六巻第四号）は、氏がそれまで近世期以降の上方語・関西語における条件表現史を研究された成果をもとに、当為表現（前項部）を条件表現史との関係において位置づけることを重点において考察されている。なお、当為表現の範囲を従来の研究が二重否定形式（ナケレバナラナイ）に限定していたのに対し、「当然そうあるべきこと」を判断基準として得られる禁止表現（シタライカン）、勧告表現（スレバイイ）も含めている。その結果、前項部は当為表現が文法化しつつも仮定条件の推移の模様に沿う形であると結論づけている。

井島正博氏の論文

井島（二〇一三）「当為表現の構造と機能」（『日本語学論集』第九号）は当為表現が各研究者によって理論的枠組が異なること、体系が不明瞭な点を解明すべく、近現代文学作品の用例を用い、考察を行っている。その結果、従来言われている義務／許容という対立概念に加え、付与／判断という対立概念を導入する必要があることを論述した。

園田博文氏の研究

園田（二〇一六）「『官話指南総訳』（明治三八年刊）の日本語—当為表現・ワア行五段動詞連用形の音便・人称代名詞を手がかりに—」（『近代語研究』第一九集）、園田（二〇一七a）「文球堂主人田中慶太郎訳『東語士章叢談便覧』の日本語一人称代名詞・当為表現・ワア行五段動詞連用形の音便を例として―」（『山形大学　教職・教育実践研究』第一二号）、園田（二〇一七b）「中国語会話書における二重否定形式当為表現「ネバナラヌ類」の推移―幕末から昭和二〇年までの資料を中心に―」（第四〇三回国語学研究会発表レジュメ）等、諸星（二〇〇九）を参考に明治から昭和にかけての中国語会話書を調査し、当該資料の資料性を検証している。

以上の研究史をたどると、主として近世後期から現代にかけての歴史的変化を主とするものと、現代の共時的な様相（方言）を述べるもの、他の類似的意味における当為表現の特性を明らかにするものにわかれる。

本書は第一節で述べたように、共通語への視野が目される上方語・関西語、江戸語・東京語に加え、近世後期の尾張地方を舞台にした資料を用いた三地域の方言を扱い、当為表現を検証する。それに加え、GAJによる各地の模様から文献資料では埋められない歴史を推定する。近世期の尾張方言およびGAJによる研究は管見のかぎり行われておらず、文献資料から得られる変化と分布から予測される歴史的変化を比較・対照する点で本書は意義があると考える。以下、江戸語・東京語、上方語・京阪語、方言地図類等の主要な調査資料をあげる。

主要な調査資料一覧

〈上方洒落本〉（a）『開学小筌』宝暦四年頃（a）『穿当珍話』宝暦六年（a）『聖遊廓』宝暦七年（a）『浪花色八卦』宝暦七年か（a）『秘事真告』宝暦七年頃（a）『遊客年々考』宝暦七年（a）『陽台遺編』宝暦八年（a）『肉道秘鍵』宝暦八か（a）『正夢後悔玉』宝暦一一年（a）『感跖酔裏』宝暦一二年（a）『原柳巷花語』宝暦頃（a）『月花余情』宝暦頃（a）『異本郭中奇譚』明和末頃（a）『風流睟談議』安永三年（a）『無論里問答』安永五年（a）『風流裸人形』安永八年か（a）『酔宇瑠璃』天明五年（a）『粋の源』天明五年（a）『北華通情』寛政六年（a）『粋庖丁』寛政七年（a）『来芝一代記』寛政九年（a）『うかれ草子』寛政九年刊（a）『十界和尚』寛政一〇年（a）『身体山吹色』寛政一一年（a）『南遊記』寛政一二年（a）『当世嘘之川』享和四年（a）『当世空言の河』文化元年刊（a）『当世廓中掃除』文化四年（a）『粋の曙』文政三年（a）『深色狭睡夢』文政九年（a）『北川蜆殻』文政九年（a）『興斗月』天保七年（a）『風俗三国士』弘化元年

〈関西語資料〉『馬小屋』明治三六年、『盲の提灯』明治三六年、『天神咄』明治三六年、『魚売り』明治三六年、『亀屋左兵衛』明治三六年、『蛸の手』明治三六年、『きらいきらい坊主』明治三六年、『煙管返し』明治三六年、『後へ心がつかぬ』明治四〇年頃、『一枚起請』明治四〇年、『いらちの愛宕参り』明治四〇年、『魚尽し』明治四〇年、『筍手討』明治四〇年、『平の蔭』明治四〇年、『いびき車』明治四二年、『芋の地獄』明治四二年、『日と月の下界旅行』明治四四年、『動物博覧会』明治四四年、『絵手紙』明治四四年頃、『近江八景』明治四四年頃、『たん医者』明治四四年頃、『近日息子』明治四四年頃、『鋲盗人』明治末~対照初、『恵比須小判』明治末~対照初、『倹約の極意』明治末~対照初、『芝居の小噺』明治末~対照初、『さとり坊主』大正一二年、『日和違い』大正一二年、『電話の散財』大正一二年、『長屋会議』大正一二年、『理屈あんま』大正一三年、『やいと丁稚』大正一四年、『浮世床』大正一五年

〈関東語資料〉（b）『雑兵物語』天和三年刊　（c）『甲駅新話』安永四年刊　（a）『潮来婦誌』文化一三年刊

〈江戸語資料〉（c）『古契三娼』天明七年刊　（d）『通言総籬』天明七年刊　（d）『傾城買四十八手』寛政二年刊　（d）『傾城買二筋道』寛政一〇年刊　（a）『品川楊枝』寛政一〇年刊　（a）『狂言雑話五大力』享和二年刊　（a）『滑稽吉原談語』享和二年刊　（e）『浮世風呂』文化六―七年刊　（c）『浮世床』文化九年刊　（d）『春色梅児誉美』天保三―四年刊　（d）『春色辰巳園』天保四―六年刊　（c）『春告鳥』天保七年刊　『COLLOQUIAL JAPANESE』（一八六三）SHANGHAI : PRESBYTERIAN MISSION PRESS　『日用日本語対話集』（DIALOGUES IN JAPANESE）（一八六三）九州大学附属図書館蔵マイクロフィルム　『会話篇』（一八七三）（KUWIWA HEN TWENTY-FIVE EXERCISE in the YEDO COLLOQUIAL, FOR THE USE OF STUDENT, WITH NOTES.）『Collected papers』London Ganesha

〈噺本〉『鹿の子餅』明和九年刊　『楽牽頭』明和九年刊　『今歳咄』安永二年刊　『再成餅』安永二年刊　『都鄙談語』安永二年刊　『茶のこもち』安永三年刊　『富来話有智』安永三年刊　『鳥の町』安永五年刊　『高笑ひ』安永五年序　『蝶夫婦』安永六年刊　『春俤』安永六年刊　『管巻』安永六年刊　『喜美

賀楽寿』安永六年序『鯛の味噌津』安永八年刊『大御世話』安永九年正月刊『笑長者』安永九年刊『柳巷訛言』天明三年刊『福喜多留』天明五年頃序『百福物語』天明八年序『千年草』天明八年序『はつわらい』天明八年頃序『独楽新話』天明八年頃刊『笑の種蒔』天明九年刊『落話花之家抄』寛政二年序『振鷺亭日記』寛政三年序『笑の初り』寛政四年序『拍子幕』寛政四年頃序『落噺詞葉の花』寛政九年刊『腮の掛金』寛政一一年跋『御贔屓咄の親玉』享和二年序『花の咲』享和三年刊『東都真衛』享和四年刊『落咄腰巾着』享和四年刊『笑府商内上手』享和四年序『蛺蝶児』文化四年刊『はなし句応』文化九年序『瓢百集』文化一〇年刊『百生瓢』文化一〇年刊『落咄口取肴』文化一五年序『落噺屠蘇喜言』文政七年序『落しばなし』嘉永三年刊『昔咄し』明治三年序『一口ばなし』明治一三年序『落語の吹寄』明治一八年刊

〈東京語資料〉（f）『西洋道中膝栗毛』明二年刊（f）『安愚楽鍋』明治四年刊（f）『胡瓜遣』明治五年刊（f）『春雨文庫』明治九年刊（f）『雪中梅』明治一九年刊（g）『浮雲』明治二〇年刊『舞姫』明治二三年）教育社『作家用語索引』『文づかひ』（明治二四年）教育社『作家用語索引』（f）『変目伝』明治二八年刊（h）『たけくらべ』明治二八年刊（f）『金色夜叉』明治三〇年刊（i）『半日』明治三四年刊（f）『重右衛門の最後』明治三五年刊（j）『琴のそら音』明治三八年刊（j）『坊ちゃん』明治三九年刊（j）『二百十日』明治三九年刊（f）『蒲団』明治四〇年刊（j）『野分』明治四〇年刊（f）『或る朝』明治四一年刊（f）『清兵衛と瓢箪』大正二年刊（j）『道草』大正四年刊（f）『城の崎にて』大正九年

〈方言地図〉（k）『方言文法全国地図』（l）『関東地方域方言事象分布地図』（大橋地図）（m）『新日本言語地図』

上記の資料は、次のテキストを使用した。

（a）『洒落本大成』中央公論社（第二・八巻は六合館）

〈関西語資料〉真田信治・金澤裕之編（一九九一）『二十世紀初頭大阪口語の実態―SPレコードを資料として―』大阪大学文学部社会言語学講座発行

（b）深井一郎（一九七三）『雑兵物語と総索引』武蔵野書院

（c）『日本古典文学全集』小学館

（d）『日本古典文学大系』岩波書店

（e）『新日本古典文学大系』小学館　稲垣正幸・山口豊（一九八三）『柳髪新話　浮世床総索引』武蔵野書院

（嘶本）『嘶本体系』九―一六巻　武井禎夫編　東京堂出版

（f）『明治文学全集』筑摩書房

（g）『日本近代文学大系』角川書店

（h）靍岡昭夫『たけくらべ総索引』笠間書院

（i）『作家用語索引』教育社

（j）『漱石全集』岩波書店
（k）『方言文法全国地図』第四・五集　国立国語研究所編　財務省印刷局
（l）大橋勝男『関東地方域方言事象分布地図』第二巻　桜楓社
（m）大西拓一郎編『新日本言語地図—分布図で見渡す方言の世界—』朝倉書店

注

1　条件表現を起源に文法化を経て形成された複合辞である。

2　小松寿雄氏は、江戸語の形成を第一次形成として武家の共通語の形成、第二次形成として「江戸共通語」の形成を指摘する。小松（一九七七）には以下のように述べる。

近世初期において江戸では各地の方言が行われ、上方者は上方語を、関東出身者は関東方言を、というふうにその出身地によって使用方言が分かれていた。それが時と共に、一人の個人の中に上方語的傾向や東国語的傾向がとりこまれ、ある内容の表現に二つ以上の言い方があるという体系ができた。そして、どちらを多く使うかは、その出身地より、出身階層によって制約されるようになった。概していえば、上層階級は上方語的傾向が強く、下層階級はそれが少ない。しかし、その多い少ないは、あくまで相対的なものであって、上層であっても東国語的傾向を持ち、また下層であっても上方語的傾向を持つ。このような連続体としての言語が、江戸において形成されていたのである。明和頃、一種の江戸共通語が話されていたことは、以上疑いえない。（五一七頁）

さらに、小松（一九八五）にも

> 明和の江戸語では、上層下層を通じて、上方語的表現と東国語的表現の併用が見られ、そのどちらを多用するかは、だいたい話手の階層によってきまる。明和には以上のような混和は実現されており、このようなところに江戸の共通語の形成を認めることができる。第二次形成を通じて江戸の共通語が成立したのちは、上方語的表現と東国語的表現の対立は、方言間の対立ではなく、江戸語内部の階層的対立へと変質していく。（八九―九〇頁）

とある。

3　東京語が教養層のことばを基盤として成立したとする点は各氏一致している。しかし、その階層がどこであるのかについては大きく二つに分かれる。ひとつは安藤（一九三六）、湯澤（一九三六・一九五四）、田中（一九八三）では上層町人と指摘するのに対し、中村（一九四八）、松村（一九八八）は武士としているように、二つの見解がある。

4　小松（一九八二a）では、否定助辞「ない」の条件表現にはナイケレバとナケレバの二系統の言い方があったと述べる（五九七―五九八頁）。しかし、奥村（一九九六）同様、筆者は第二章に述べるとおり、ナイケレバとナケレバの二系統があったと考えるのではなく、一八世紀後半の江戸語ではナイケレバが勢力をもっていたが、後にナケレバがナイケレバから変化して現れたと考える立場をとる。

第一章　江戸語における否定表現・当為表現のヌ系からナイ系の変遷について

——話者と聞き手の社会的関係・親疎関係——

はじめに

江戸語・東京語における否定表現の研究は小田切（一九四三）、中村（一九五九）、武井（一九六五）等があり、これらは動詞を否定する場合、ヌ系であったものが次第にナイ系が多くなる様相を、活用形別に考察している。また話者を位相別に整理し、ヌ系が武士・教養層・老年層等に用いられるのに対し、ナイ系は下層階級に使用されると述べている。

一方、当為表現（セネバナラヌ・シナケレバナラナイ）の史的研究は、田中（一九六七・一九六九・一九八三）、渋谷（一九八八）があげられる。田中では形式の変化と前項部分（セネバ〜・シナケレバ〜）の変遷過程を、渋谷では後項部分（ナラナイ・イケナイ）を中心とした変遷の様相、言語的環境・話者の位相による表現形式を整理している。

また、当為表現に関して、湯澤（一九五四）、中村（一九五九）は形式の変遷を、武井（一九六五）、坂梨（一九七三・一九九五ａ）では前項部分「ナケリャナラヌ」を否定表現から論じている。このように、当為表現は否定表現と連携させて考察することがたいへん有効であると考えられるため、本章は、否定表現ヌ系からナイ系への変遷とこれに関連する当為表現の変化の様子を、洒落本・滑稽本・人情本・噺本を資料に考察を行う。否定表現と当為表現を対照ないし連携させて考察を行うことで、ヌ系からナイ系への変化の様子が明らかになるだけでなく、より両者の差異、変化における共通点・相違点が明確になると考える。

以下、まず否定表現、次にこれと関連する当為表現を考察し、さらに話者と聞き手の位相・親疎関係におけるヌ系とナイ系の使い分けを論じていく。資料は、江戸後期の代表的な口頭言語資料である洒落本・滑稽本・人情本・噺本を用いる。また史的変化を考察するうえで、江戸語は複数の方言を土台にしてできた歴史をもつため、江戸近辺のことばも参考にする必要がある。そのため、前期関東語資料とされる『雑兵物語』、江戸で最初に作られた宿場町新宿を題材とした『甲駅新話』、北総佐原を描いた『潮来婦誌』を調査対象に加える。また上方語との比較資料として、上方洒落本も加えた。

用例は、江戸およびその周辺の言語話者の会話部分のみから取り、「卜書き・序・跋・大意」等に現れるものは除外する。

第一節　変遷の様子

一　否定表現

否定表現の考察を行う際、「残らず覚えた」「皆相変わらず元気です」「論語読みの論語知らず」等の副詞、慣用表現で用いられる例は除外した。

表1は、洒落本・滑稽本・人情本での出現数をヌ系・ナイ系に分類した結果である。ヌの使用例には

〈表1：洒落本・滑稽本・人情本〉

		ヌ系					～ザリ系	ナイ系	
	作　品	～ズ		～ヌ（ン）		～ネ		～ナイ	～ネヘ
	活用形	連用形	終止形	全体数	マス～	已然形			
上方洒落本	月下余情	1	1	14	4				
	風流裸人形	2		30	4				
	うかれ草子	1		31	14				
	当世空言の河	4	1	42	5				
	雑兵物語	10	3	16			2	159	
江戸洒落本	甲駅新話	6	2	46	41			1	34
	古契三娼	3		11	7				8
	通言総籬	3		31	21				31
	傾城買四十八手	5		35	22	1			32
	傾城買二筋道	12	4	30	20				24
滑稽本	浮世風呂	64	18	264	123	6	5	7	322
	浮世床	68	25	130	24	7	4	2	236
	潮来婦誌	16	11	37	25				105
人情本	春色梅児誉美	52	17	149	83	5	2	32	130
	春色辰巳園	51	22	30	11	4	5	48	173

ン形式も含む。またマス接続数を表示する理由は、マス接続形がナイ系と共起せずヌ系専用形であること、またヌ系使用の内訳において使用率が非常に高いからである。表の見方を『月下余情』を例に説明する。『月下余情』では、マス・ヤス接続の形が四例、動詞に接続した形が一〇例使用されている。本来、マス接続形はナイ系に接続しないため、ヌ専用形といえ、考察の対象には含まないものである。しかし、本章はヌ系とナイ系の使い分けを話者と聞き手の社会的関係・親疎関係から考察することを目的としているため、丁寧表現の使用、不使用の差を顧慮する必要がある。そのため、マス接続形を考察の対象に加える。

表1に示されたとおり、上方洒落本は、

全てヌ系用法である。

一方の江戸語資料では、全体としてはヌ系とナイ系の両系がみられ、時代が下るにつれてナイ系の使用数の増加がうかがえる。この中で洒落本では、ヌ系とナイ系はほぼ同数の使用となっている。しかし、ヌは大部分がマス・ヤスに接続した用法であり、活用形に接続する用法はナイ系が担っているといえる。滑稽本・人情本は、その傾向がさらに進み、ナイ系の優勢が確認できる。

では、具体的に用例をみていく（傍線は筆者による）。

○さやうなら私の申ましたのは俳諧にならず、地口にならず、さようなら狂歌でござりませうか（点兵衛→俳諧師　鬼角『浮世風呂』）

○山高きが故に貴らずか（伝法→鬢五郎『実語教』をもじったもの『浮世床』）

○大象よけいに遊ばず（熊→亀　歌舞伎『助六』をもじったもの『浮世床』）

ズは連用形、並列の中止用法として全資料で多く使用されていて、終止用法は後二例のように、他の作品をもじった固定化された表現であり、日常会話とはいい難い特殊な用法として用いられている。それ以外はどうか。

○河岸中をぐる〳〵廻つても直が出来ぬから（松右衛門→八兵衛『浮世風呂』）

○神仏の御利生はよく〳〵信心したらあろうが、まづ目に見えぬが多い（隠居→若者達『浮世風呂』）

○俺は俗事に疎いから、とんと解せぬ（寺子屋の師匠『浮世風呂』）

○御器量の好に似合わぬお堅いお性でござります（屋敷勤めをしていた下女→主人『浮世風呂』）

○ほんま油じやござりません　（『うかれ草子』）

○おしらせくだしおかれませぬだんきつと〳〵御うらみ申上ます　（太こ持ち　『風流裸人形』）

○なぜ久しくおいでなんせんと　（遊女→客　『傾城買二筋道』）

○仲景さまを二廻りで験が見えませぬから　（隠居→医者　『浮世風呂』）

○それだからモウこゝを帰りたくありませんヨ　（米八→丹次郎　『春色梅児誉美』）

右例のように、それ以外は連用形としての用法が目立つ。よって、本章の考察は終止・連体形のヌとナイ（ネへ）を中心に行う。

江戸語資料におけるヌ（ン）は、マス・ヤス接続形であり、表1に示したとおり、ヌの全体数に占める大部分がこの用法である。上方で使用されていた表現がそのまま江戸に定着したものであり、特に遊里世界を描いた作品（洒落本・人情本）に顕著に現れた。これは当時、上方語表現が関東語表現に比べ丁寧であると認識されており、特に遊里の世界は客に対して丁寧で柔らかい物言いが要求されていたからであろう。

ナイ系は滑稽本以降、使用数（活用形接続）が増加し、ヌを上回っており、その優勢がうかがえる。

○見物はだまつてはゐないサ　（昔気質のおやじ→昔きほひと呼ばれた道楽爺　『浮世風呂』）

○あんな馬鹿はしんに入ないよのうお秋さん　（六歳の娘　春→秋　『浮世風呂』）

○口三絃でいけもしない鼻唄さ　（六十近きばあさま→かみさま　『浮世風呂』）

○水心もしらねへ泡ア吹ア　（いさみ→なま酔　『浮世風呂』）

○おらア伯父さんの来るのを待居るがさつぱり来ねへ

（下女同士　『浮世風呂』）

○ナニ〳〵夫婦にはなりやアしねへヨ

（丹次郎→米八　『春色梅児誉美』）

右記の例の位相面は、先行研究と同様、ヌ系は教養層・老年層に、ナイ系は下層・非教養層と捉えられる。先の松右衛門、隠居、寺子屋の師匠の例のように、ヌ系は老年層および師匠な等の教養層に多い。また、屋敷勤めをした下女は、武家屋敷で礼儀作法を学んでいるため教養層に相当する。一方のナイ系は用例のように、比較的、身分・教養の低い階層に使用される。さらに、ナイ系の中でもナイは『浮世風呂』に七例みられ、そのうち五例は女性話者である。つまり、ナイを使用する階層は中間層、性別は女性に多く、音訛したネへは非教養層で男性に多く使用されていたことがわかる。

以上をまとめると、前期の関東語では『雑兵物語』にみられるように、ナイ系の使用が一般的であったことがわかる。しかし、天明期から寛政期の洒落本においては、上方語の特色であるヌ系がまだ多くみられる。それが、化政期の滑稽本、天保期の人情本では、江戸語の特色であるナイ系が定着し、実質的に江戸語が確立したのが認められる。

表2は噺本の出現数を表1同様に示した。噺本を資料に加える理由は、噺本のヌ系とナイ系の対立・使用状況が整理でき、さらに、洒落本・滑稽本・人情本の傾向と比較することで、江戸語における否定表現の様子が補強されると考えるからである。

噺本は、洒落本・滑稽本・人情本に比べて一般に文語的性格が強い。このことは、ヌ系表現の多さからも裏付けられる。しかし、ヌ系からナイ系への変遷は表1と同様に現れた。

〈表2：噺本〉

	作品	～ズ		～ヌ		～ネ	～ザリ	～ナイ	～ネヘ
	活用形	連用	終止	全体	マス～	已然形			
安永前期	鹿の子餅		1	29	7	3		1	
	楽牽頭	4		25	5	1	1		
	今歳咄	6	1	13	1			1	
	再成餅	1		40	11	2			2
	都鄙談語	2		16	6	3		1	
	茶のこもち	7	2	23	5				1
	富来話有智	3		32	7			1	1
	鳥の町	1	1	25	4	2		1	
	高笑ひ	1	2	30	13	3	1		
安永後期	蝶夫婦	2	2	23	7	1		4	8
	春袋		2	28	11			1	1
	管巻	3	2	37	10		1		
	喜美賀楽寿	4		31	14			4	4
	鯛の味噌津	2	1	21	7				1
	大御世話	2	1	27	3	1	1		4
	笑長者	2	2	20	10	1		4	4
天明期	柳巷訛言	1		10	4			1	
	福喜多留			4	3				
	百福物語	1		7	2	1			1
	千年草	1		7	4				12
	はつわらい		1	15	6	2			1
	独楽新話	1	2	11	5				3
	笑の種蒔			13	7				6
寛政期	落話花之家抄	1	1	16	10			1	12
	振鷺亭日記			13	1				2
	笑の初り			6	1				1
	拍子幕	1		6	3				1
	詞葉の花	4	2	34	12	1		2	6
	腮の掛金	2		11	3				
享和期	御贔屓咄の親玉	2		6	2	1			4
	花の咲	1	2	24	12	1			12
	東都真衛	4	3	14	7	1			9
	落咄腰巾着	2		24	9	1			10
	笑府商内上手	3		10	4				3
化政期	蛺蝶児	1	1	12	4	3	1		4
	瓢百集			3					4
	はなし句応	2		10	2	1		1	3
	百生瓢	2	2	8	3	1			3
	落咄口取肴	2	1	11	2				1
	落噺屠蘇喜言			12	2	1			8
幕末・明治	落しばなし	1		8	7	1		1	2
	昔咄し	1		1				1	1
	一口ばなし	4		7	3			2	5
	落語の吹寄	3		31	28			7	13

安永前期はナイ系の使用はごくわずかで、ヌ系の使用が一般的であった。それが安永後期・天明期頃になると、ヌ系はマス・ヤス接続が半数を占めており、活用形接続はナイ系とほぼ同数となる。それ以後、作品により偏りがみられるが、ナイ系の使用も増加しており、洒落本・滑稽本・人情本に比べてその変遷の速度は遅いものの同様の傾向が得られた。つまり、否定表現はそれまでヌ系が活用形と丁寧表現の両者に接続していたのが、丁寧表現接続はヌ系、活用形接続はナイ系と、上接する語により使い分けられているのである。

二　当為表現

本節の当為表現は、否定表現のヌ系・ナイ系の使用状況とどのような関連があるのか、その使い分けにどのような違いがあるのかを明らかにするため、否定表現と連携させて考察を行う。そのため、動詞＋ネバナラヌ、動詞＋ナケレバナラナイ等の動詞に接続する形式のみに限定した。したがって、名詞や形容詞、形容動詞等と共起した例（今日でなければならない・もっと厚くなければならない）は除外する。

表3は洒落本・滑稽本・人情本に現れる用例を、まず後項部で分類し、それを前項部の形式別にまとめたものである。後項部ナラヌのところで前項部のンとナイケレバの横が点線となっているが、これはヌ系接続とナイ系接続とを区別したためで、この区別は後項部分ナラナイ・イケナイも同様である。点線の左側がヌ系、右側がナイ系である。

上方洒落本では、後項部はヌ系のみ使用される。これは上方の否定の助動詞がヌ系のみであるという

〈表3：洒落本・滑稽本・人情本〉

後部分	ナラヌ（ナラン）				ナラナイ（ナラネヘ）					ナルマイ			イケナイ	
前部分	ン	ネバ	ニヤ	ネヘキヤ注1	ネバ	ニヤ	ナクテハ	ナケレバ	ネヘキヤ	ザア	ズバ	ニヤ	ニヤ	ネヘジャア
月下余			2											
風流裸		2												
うかれ	1	1												
当世空		3	2							1				
雑兵物														
甲駅新									1					
古契三														
総　籬														
四十八			3							1				
二筋道				1					1					
風　呂	5	4	1	1		1			3	1		1	1	
浮世床		2		2	1				1			1		1
潮来婦		2			2									
児誉美		2							1	3				
辰巳園		1				1	1	2	7	1	1			

事実を考慮に入れると当然のことといえる。

○それを又今いかんならん　（民　『うかれ草子』）

○いや〳〵。今ン夜は。いなにゃならぬ　（『月下余情』客→客　一〇九頁）

江戸語資料におけるンナラヌ（ン）も調査対象外ではあるが、散見され、いずれも上方語話者である。

○どないな物やら試て見んならぬ　（上方下りの男→番頭　『浮世風呂』）

○どないにしても三夜さ掛らんならんさかい　（大坂訛の義太夫稽古所の女房　『浮世風呂』）

右例のように、～ンナラン形の話者

は全て上方者のであり、江戸語話者にはみられず上方語形式といえる。では江戸語資料ではどうか。

○町ことばおしへてやつてへ翌から白ゆもじて眉もとらさねばならぬ　（旦那　『当世空言の河』）

○どうにもかへらにやならぬ　（客→遊女　『傾城買四十八手』）

○信心せねばならぬものだ　（隠居→猿田の彦　『浮世風呂』）

○衆人濁酒を飲ばわれも共に飲まねばならぬかい　（孔子→周囲の人　『浮世風呂』）

○ナヲ〳〵姉様、わしは切れいでも、死ねば成ラぬ事が有　（浄瑠璃を語る場面　『春色梅児誉美』）

まず後項部ヌ系の場合をみると、前項部はネバと共起する形がもっとも多い。

それに対して、後項部ナイ系は前項部ヌ系との接続例は以下の『浮世風呂』、『春色辰巳園』にそれぞれ一例、『浮世床』、『潮来婦誌』に各二例みられるのみで少ない。むしろ以下のように、前項部がナイ系ならば後項部もナイ系と共起する場合が多い。

○早く帰つてお節の支度をせにやアならねへ　（同じ歳ぐらいのばあさま　『浮世風呂』）

○遊びといふものは、面白づくしにして金をつかはねばならぬやうにしかけた物だから、手めへから了簡つけて、よつぽど勘弁せねばならねへ　（息子株連中→短八や主鬢五郎　『浮世床』）

○思案をしないければならないやうになろうじやアないかへ　（延津賀→米八・仇吉　『春色辰巳園』）

○こりやアおらも止ねへけりやアならねへわい　（谷粋→友人　『甲駅新話』）

○そこを女房も得心して居ねへぢやアならねへ　（お川→お山　『浮世風呂』）

○是非州崎へ参詣ねへければならねへ　（藤兵衛→蝶吉　『春色梅児誉美』）

○是をば大事にしねへじやアならねへ　（丹次郎→仇吉『春色辰巳園』）

つまり、後項部がヌ系の場合は前項部もヌ系（融合形ニャも含む）と共起し、後項部がナイ系の場合は前項部もナイ系と共起することがわかる。また、後項部ナルマイは前項部ズバ（ザア）と共起している。

○そんなことにでもせざアなるめへ　（ばあさま→かみさま『浮世風呂』）

○何とか済ましかたをしずはなるまい　（延津賀→仇吉『春色辰巳園』）

『浮世風呂』『浮世床』に一例ずつ、前項部ニャと接続した例があるが、話者は上方者である。注2

○こりや置にや成まい　（上方下りの男→八百屋『浮世風呂』）

○そないな事でも云はにやなるまい　（上方者→鬢五郎や周囲の人『浮世床』）

また、位相の面からは、前項部ネバが年配者・教養層に、融合系が非教養層に、その他の形式が中間層に使用される傾向がみられた。

このように、当為表現を否定の助動詞と対照させたところ、多彩な人物が登場する滑稽本では当為表現はヌ系もナイ系も共に現れるが、天保期の人情本ではナイ系優勢の状況であると示された。否定の助動詞に比べるとヌ系からナイ系への推移は遅れるが、これはまず、否定の助動詞ヌ系からナイ系の交替が定着してから、否定表現をその内部にもつ当為表現へと、その移行が及んだと考えられる。表1で否定ナイは江戸洒落本にその出現が認められるが、まだ若干ヌ系が優勢である。それが、滑稽本・人情本と時代が下るにつれ、ナイ系が逆転し、優勢となる。当為表現では江戸洒落本・滑稽本でわずかにナイ系がみられるが、滑稽本では全用例二五例中一八例[注3]がヌ系であり、ヌ系が一般的であったと思われる。しかし、人情本になるとヌ系は『春色梅児誉美』『春色辰巳園』に三例あるのみで、ナイ系が支配的である。この『春色梅児誉美』にみられるヌ系の一例は浄瑠璃を語る場面で用いられており、固定化された表現で日常使用する口頭表現とはいえない。『春色梅児誉美』の否定表現ナイ系はヌ系とほぼ同数であるが、ヌの内訳は半数以上がマセンのようにマス・ヤス接続形であり、否定表現においてはナイ系がかなり定着したといってよいだろう。否定表現でナイが定着したため、当為表現においても連動してヌ系からナイ系への変化が行われたものと考える。

最後に後項部ナリマセンを取り上げる。

○今日はまだ山の手へのさねへきやアなりません　（お角→お丸『浮世風呂』）

○芸を仕込ねへぢやアなりませんと　（銅介→鬢五郎『浮世床』）

ナリマセンの用例は以上のように、前項部はネへキヤアでナイ系にあたる形と共起している。本来、後項部がヌ系の場合は前項部もヌ系と共起するはずだが、この場合はあてはまらない。後項部ナリマセンの用例は滑稽本以前の資料にはみられないため断言はできないが、次のように考える。

滑稽本の否定助辞ヌとナイの使用状況は、ナイが優勢になる転換の時期であるため、後項部分がヌ系のナリマセンも前項にナイ系が共起したのだろう。それだけナイ系の力が強くなったと捉えることができる。

表4は、噺本[注4]に現れる当為表現を表3と同様にまとめたものである。噺本の否定表現はヌ系が大部分

〈表4：噺本〉

後項部	ナラヌ系			ナラナイ系		ナルマイ	イケナイ
前項部	ネバ	ニャ	ネヘケリヤ	ネバ	ネヘケリヤ	ズバ	ナクテハ
鹿の子餅							
楽牽頭							
今歳咄		1					
再成餅							
都鄙談語							
茶のこもち	1					1	
富来話有智						1	
鳥の町							
高笑ひ	1						
蝶夫婦							
春帒							
管巻							
喜美賀楽寿							
鯛の味噌津							
大御世話							
笑長者	1						
柳巷訛言							
福喜多留							
百福物語						1	
千年草							
はつわらい							
独楽新話	1					1	
笑の種蒔							
落話花之家抄							
振鷺亭日記							
笑の初り							
拍子幕							
詞葉の花				1			
腮の掛金							
御贔屓咄の親玉					1		
花の咲							
東都真衛			1				
落咄腰巾着							
笑府商内上手							
蛺蝶児							
瓢百集							
はなし句応							
百生瓢							
落咄口取肴							
落噺屠蘇喜言	3				1		
落しばなし	1						
昔咄し							
一口ばなし							
落語の吹寄			2				2

を占めていた関係で、当為表現においてもヌ系が多い。しかし、ヌからナイへの変化傾向は洒落本・滑稽本・人情本の変遷を裏付ける結果となっている。後項部ヌ系は前項部もヌ系と共起しているが、時代が下るにつれ、前項部ナイ系と共起している例がみられる。この頃（寛政期以降）の否定表現の使用状況をみると、ヌ系からナイ系への転換期にあり、その傾向がすぐに当為表現に連動し、ナイ系表現が使用されている。

当為表現の傾向をまとめると、後項部がヌ系の場合は前項もヌ系、ナイ系の場合は前項もナイ系という具合に、後項部がヌ系とナイ系の使い分けの大きな鍵を握っていることがわかる。また、全資料を通観するとヌ系が多く、ナイ系は主に江戸末期の人情本に現れる。つまり、当為表現においてはまだヌ系が一般的であったといえよう。

さて、本章の目的である否定表現と当為表現を比較・対照させて考えたい。江戸洒落本において、否定表現はヌ系とナイ系がゆれており、その使い分けは話者の階層や教養の度合いが大きく影響していた。それが、滑稽本・人情本になると、ヌ系はマス・ヤス接続形式が大部分を占め、ナイ系は活用形接続形式を担うという具合に、ナイ系の優勢が確認できた。この傾向が当為表現にもあてはまり、否定表現でヌとナイの対立が拮抗しているときはヌ系が優勢、ナイ系が定着すると素早くナイ系へと変化している。むしろ、ヌ系からナイ系への定着の速さは当為表現の方が早いといえる。否定表現ではナイ系が優勢である滑稽本・人情本においてもヌ系は相当数使用されているのに対し、当為表現では、洒落本・滑稽本はヌ系が、人情本ではナイ系（ヌ系は3例あるが、前述のとおり固定化された表現である）であり、ヌ系からナイ系への転換の早さが確認できる。これは恐らく、当為表現が否定表現とは異なり成句的な表現であるため、ヌ系とナイ系のゆれが少なく、転換が速やかに行われたと考える。しかし、明確な理由はわからない。

第二節　場面・人物関係による使用状況

一　段階の設定

前節で洒落本・滑稽本・人情本・噺本におけるヌ系とナイ系の変遷の様相を考察し、また、話者の位相にも注目した。その結果、ヌ系は上層・教養層の話者が使用し、ナイ系は下層・非教養層が使用することがわかった。しかし、同一話者においても場面や相手によって表現を使い分ける例がある。例えば、次の例はどちらも『春色辰巳園』における仇吉のことばである。

○なか直りはしたけれど、今さらおまへに皃向もならぬ

○ム、ウ色をしねへとは新しい言草だの

一例目は、長年犬猿の仲であった米八と和解する場面であるのに対し、二例目は遊女仲間のお春と髮型について話している場面である。聞き手は同輩の春であり、内容も髪型と興味ある風俗の話題であるためか、ネへを用いている。このようにヌ系とナイ系の使用は必ずしも話者の位相に固定されておらず、

むしろ、聞き手である相手との社会的関係や場面の緊迫度と大きく関係しているのである。この点から話者と聞き手の関係と場面に注目して、ヌ系とナイ系の使い分けにどう影響するかを考察する。

考察を行ううえでの話者と聞き手の関係・場面設定を小島（一九七四）に示されたものを参考に、**段階A**から**E**の五つに分類した。小島は敬語表現にみられる話者と聞き手との関係・社会（階層・身分・職業）的制約・心理的制約を考慮に入れ、対称代名詞と対応する述語別に六段階を設定し、考察を行っている。この視点が、考察を行う際に重要になると思う。

段階Aは、話者の方が聞き手より社会的に下位と考えられる場合（以下、典型例は作品名がないものは『浮世風呂』から引用）。

○気がせか〱致ますから、落着て流しては居られません　（屋敷勤めの下女→屋敷の女房）

○人の機嫌気づまりを取らねへきやアなりやせん　（鬢五郎→客　浮世床）

段階Bは、話者と聞き手が中流以上で、くつろいだ場面。

○此真似は出来ません　（屋敷勤めをしたお初→友人おむす）

○啼ても笑ツてもせねばならぬ事を骨惜をした物さネ　（六十近きばあさま→人柄よきかみさま）

段階Cは、話者の方が聞き手より社会的に上位である場合。

○忠臣もおのづから出来ぬ　（隠居→若者たち　教訓を与える場面）

○信心せねばならぬものだ　（隠居　晩右衛門→猿田の彦）

段階Dは、話者も聞き手も共に下層階級で、くつろいだ場面。

○つかまると終へねへぜ。めらの乾物等、一生立ても食へねへ徒だ　（行商の八百屋↓魚屋）

○わたしは帰り道で胡椒を買ねへきゃアならねへおつき合ナ　（おいへ↓おかべ）

段階Eは話者・聞き手ともの下層で、ののしりあう場面。

○てめへ独り買切た湯じやアあんめへし向三軒両隣のつき合をしらねへとんちきだ　（した↓側の人）

○片端からしよびき出して、一軒〳〵に断ねへきやアならねへぞ　（伝法肌の女↓下女達）

この五段階を、否定表現・当為表現においてヌ系とナイ系別に示したのが表5～8である。以下、否定表現、当為表現の順にみていく。

二　場面別による否定表現の様子

次頁の表5は洒落本・滑稽本・人情本における話者と聞き手の社会的関係別でのヌ系とナイ系の使用状況を示したものである。

ここから、**段階A**、つまり聞き手が上位の場合は、どの資料においてもナイ系は若干みられるが、ヌ系使用が多い。これは、丁寧表現マス・ヤスに接続する形式が多いためである。また**段階B**の話者・聞き手がともに中流以上の場合も、『浮世床』は例外であるが、ヌ系が優勢である。そして**段階A**同様、ヌはマス・ヤスに接続する形が多い。**段階B**で上方語の特色であるヌ系が多いのは、上方のことばが江戸の上層社会のことばを担っていた歴史を裏付けている。

話者が聞き手より上位である**段階C**は、洒落本ではヌ系を、滑稽本・人情本ではナイ系が確認できた。

〈表5：洒落本・滑稽本・人情本における話者と聞き手の社会的関係（否定表現）〉

	A		B		C		D		E	
	～ヌ	～ナイ	～ヌ	～ナイ	～ヌ	～ナイ	～ヌ	～ナイ	～ヌ	～ナイ
雑兵物							16	159		
甲駅新	20	1					20	16	6	18
古契三					1		9	8	1	
総籬	11	1					18	19	2	11
四十八	2	1	4		6		23	19		12
二筋道	4						17	19	9	5
風呂	47	3	84	44	37	26	88	187	8	59
浮世床	24	4	11	16	17	44	63	113	15	61
潮来婦	29	2					8	89		14
児誉美	38		20		2	1	89	138	1	15
辰巳園	5				1	6	24	181		34

段階Dは洒落本から人情本に至るまで、ヌ系とナイ系が拮抗している。滑稽本・人情本では、ナイ系が優勢であるが、ヌ系もかなり使用されており、無視できない。否定表現の様相は表1から洒落本はヌ系、滑稽本・人情本ではナイ系の優勢が確認され、段階Dにおいても同様の傾向を示しているが、ヌ系もかなり使用されており、このような傾向が現れたのは、資料に拠るところが大きいと考える。

ところで、**段階E**はDとは逆の傾向が得られた。わずかにヌ系の例もみられるが、洒落本から人情本にかけての全資料でナイ系が支配的である。これは、喧嘩や相手を罵倒する場面であるため、相手へ配慮した丁寧表現マス・ヤス接続形を使用しないため、ナイ系が優勢となったのであろう。

では、噺本ではどうか。表6の噺本も、おおよそ同じ傾向を示している。A・Bはヌ系が優勢で、Cは時代が下るにつれ、ナイ系も使用されるが、全体的にみるとヌ系が多い。Dになると、安永前期からナイ系が使用されている。使用数は天明期までヌ系が、それ以降はナイ系が多い。し

〈表6：噺本における話者と聞き手の社会的関係（否定表現）〉

	A		B		C		D		E	
	～ヌ	～ナイ	～ヌ	～ナイ	～ヌ	～ナイ	～ヌ	～ナイ	～ヌ	～ナイ
鹿の子	4		16		3		6		1	1
楽牽頭	2		9		4		11			
今歳咄	3		1		2		8	1		
再成餅	8		5		11		13	2	4	
都鄙談	2				2		13	1		
茶のこ			3		2		21	1		
富来話	6				3		24	2		
鳥の町	2		3				19	1		
高笑ひ	6		1		3		22			
蝶夫婦	6		9		4	1	8	6	1	2
春帒	4		7		1		13	2		
管巻	4		1		4		28			
喜美賀	12	1	2		9	2	9	5		
鯛の味	7		4		2		11	1		
大御世	3	2	3		7		13	3		
笑長者	8	1	2		2		11	5		
柳巷訛			1				14			
福喜多							5			
百福物							6	1		
千年草	3	1	2	2		1	3	8		
はつわ	2		4		2		7	1		
独楽新	4	2	1		3		4			
笑の種	1		1			1	11	5		
落話花	6		5	2	3	1	4	10		
振鷺亭	1		2				10	1		
笑の初	1		2		1		1	1		
拍子幕	2						1	1		
詞葉の	10		1		7		19	8		
腮の掛	3		2		4		1			
御贔屓	1				1	3	4			
花の咲	8		4		4		6	12		
東都真	5		3	2	1		5	9		
落咄腰	10		7		3		10	10		
笑府商	3		4		2		2	3		
蛺蝶児	4		3		4		3	4		
瓢百集					1	1	3	2	1	1
はなし	1		1		2		6	3		1
百生瓢	4				1	1	4	2		
落咄口	4				6	1	2			
落噺屠	1		4				9	8		
落しば	4		2		2	1	1	2		
昔咄し					1			2		
一口ば	2		1		3	1	2	5		
落語の	7	1	5			4	21	13		2

かし、幕末・明治の頃まで両系は使用される。

段階別でまとめると、A・B・Cはヌ系が、Dは両系、Eはナイ系が優勢であった。Aは相手が上位であるため、丁寧表現のマス・ヤスに接続したヌ系が多いことは当然と思われる。Bは話者・聞き手はともに中流以上と、話者が教養層であるため、ヌ系を使用するのだろうか。Cは、相手が下位であるのに、ヌ系が多いのはなぜであろうか。

この点は親疎関係から考察するとうまく説明できるように思う（用例は『浮世風呂』より）。

○初春早〳〵彼是があつてはお互に快くござりませぬから　（番頭→下女と喧嘩をしていた女）

○どうしてモウ、親の手を離れぬものは、痛さ痒さがわかりません　（巳→辰）

○イヤ何のかのと取紛れて碁も出しませぬて　（隠居→医者）

○貰い寺は門からといふけれど、医者さまばかりは見かけによらぬものよ　（かみさま→ばあさま）

○自由にならねへものよのう。おらが内じやア、おれが骸がきかねへから、守が一ツ出来ねへのに、年子だア　（下女→友人の下女）

○ちくせうめ、気のきかねへ所にうしやアがる　（いさみ同士　喧嘩の場面）

最初の例は下女がふざけ合って隣の女性にお湯がかかり、そのことで言い争っているところに番頭が来てお湯のかかった女性にとりなしている場面である。また次例は、弁当を催促する娘とのやりとりを見られた辰の傍にいた巳との会話である。互いに娘息子の子育ての苦労を語り合っているが、話題を頻繁に変えており、一定の距離をおいた関係と考えられ、親疎関係は疎といえよう。それに対して五例目は、下女同士が主人の家の悪口をいっている場面で、同じ境遇であるため話が盛り上がっており、親疎関係は前例に比べ親といえる。最後の用例はいさみ同士が喧嘩をしている場面である。疎の関係ではヌ系が使用されていたのに対し、ナイ系は親の関係であったり、喧嘩という相手への配慮を欠く場面に用いられるという傾向が得られた。

また、表1に示されるように、ナイ系はナイより音訛したネへという形が一般的であった。そこで、同じナイ系でもナイとネへの使用場面を、親疎関係から考察する。

○私は久しく逢ない人にあふと急に悲しくなつて、ものがいはれないから
(お長→米八 『春色梅児誉美』)

○縫物が出来ねへで打遣られた女もねへもんだな
(下女同士 『浮世風呂』)

『春色梅児誉美』の例は、お長が許嫁の丹次郎に久しぶりに会ったその場に丹次郎と恋仲である米八が登場し丹次郎に皮肉を言うのをみかね、発したことばである。聞き手は恋敵の米八で、親疎関係は疎の関係であり、かつ緊迫した場面といえる。『浮世風呂』では下女同士が自分たちの境遇の不満を漏らす場面で話が盛り上がっており、親の関係といえる。使用例の大部分がネへという状況を考慮にいれると、ネへは一般的に使用されていたのに対し、ナイは例文のように緊迫した場面や、親疎関係が疎の場合に用いられるといえる。

否定助辞表現における話者と聞き手の社会的関係・親疎関係によるヌ系とナイ系の使い分けには以下の傾向がみられた。

ヌ系は相手が上位・下位である場合、話者と聞き手がともに中流以上の場合、また親疎関係は疎の関係に用いられる。これは聞き手が上位であったり下位である等相手との間に距離が生じるため、ヌ系を使用するのではなかろうか。また中流同士の場合は、話者の属性によると考える。それに対しナイ系は、話者と聞き手が下層者同士であったり喧嘩している場面、また、親疎関係は親の関係の際に使用される。さらに、ナイ系の中でも音訛しないナイは緊張した場面で用いる等、その使い分けは使用場面・人物関係に大きく左右されることが明らかとなった。

三　場面別による当為表現の様子

前節と同様の方法で、当為表現に現れるヌ系とナイ系の使い分けを考察する。そのため、後項部分ナルマイ・イケナイは除外する。また後項部ヌ系に前項部ナイ系が、後項部ナイ系に前項部ヌ系が共起する例もあるが、ほとんど後項部ヌ系は前項部もヌ系と、後項部ナイ系に前項部ナイ系と共起するため、考察は後項部を基準とし、「ヌ系」「ナイ系」と表記する。また、『春色梅児誉美』の「ネバナラヌ」は浄瑠璃を語った固定化された表現であるため、除外する。

表7は洒落本・滑稽本・人情本を段階別に示したものである。否定表現と同様の傾向がうかがえる。それは段階A・B・Cにはヌ系が、Dはヌ系とナイ系が混用され、Eはナイ系のみである。表8の噺本においても同様の結果である。では親疎関係においてはどうであろうか。

〈表7：洒落本・滑稽本・人情本における話者と聞き手の社会的関係（当為表現）〉

	A		B		C		D		E	
後部分	ヌ系	ナイ系	ヌ系	ナイ系	ヌ系	ナイ系	ヌ系	ナイ系	ヌ系	ナイ系
甲駅新話								1		
四十八手			3							
二筋道							1	1		
浮世風呂	1		2		3		1	3		1
浮世床	2			1			2	2		
潮来婦誌							2	2		
梅児誉美			1	2				1		
辰巳園			1	3				7		4

〈表8：噺本における話者と聞き手の社会的関係（当為表現）〉

	A		B		C		D		E	
後部分	ヌ系	ナイ系	ヌ系	ナイ系	ヌ系	ナイ系	ヌ系	ナイ系	ヌ系	ナイ系
再成餅							1			
茶のこも					1					
高笑ひ							1			
笑長者					1					
独楽新話							1			
詞葉の花								1		
御贔屓咄						1				
東都真衛	1									
落噺屠蘇	3					1				
落しばな					1					
落語の吹	1						1			

○信心せねばならぬものだ　（隠居→猿田の彦）
○衆人濁酒を飲ばわれも共に飲まねばならぬかい　（孔糞→周囲の人々　『浮世床』）
○人の機嫌気づまりを取らねへきやアなりやせん　（鬢五郎→客　『浮世床』）
○思案をしないければならないやうになろうじやアないかへ　（延津賀→米八・仇吉　『春色辰巳園』）
○こりやアおらも止めねへけりやアならねへわい　（谷粋→友人　『甲駅新話』）
○女郎にも売つて立行をつけねへきりやアならねへは　（母→仇吉　『春色辰巳園』）

一例目は隠居が若者達に金と信心について教訓する場面である。続く例の話者は孔糞と教養層にあたり、周囲の人々に教訓めいた話をしている。この両例のように、教訓を与える場面ではヌ系が使用される。また鬢五郎のように、丁寧表現のマス系に接続した形は、相手が上位者（客）に多用される形式であり、やはりヌ系は否定表現と同様、話者と聞き手の間に距離があり、親疎関係は疎といえる。

それに対しナイ系は、『春色辰巳園』の延津賀の例は親しい友人への発話であるのに対し、最後の仇吉と母親の会話は喧嘩の場面に用いられている。また、ナイの例は延津賀の一例のみであり、否定表現と同様、音訛したネへがほとんどであり、この表現が一般的であったのだろう。しかし、ナイの発話場面は、延津賀が恋敵同士である米八と仇吉の喧嘩を仲裁する緊迫した場面であり、教訓を説く場面といえる。本来、教訓めいた場面はヌ系が妥当であるが、人情本ではナイ系が優勢であるため音訛しないナイが用いられたのであろう。

本章のまとめ

本章は、否定表現と当為表現に現れるヌ系とナイ系の使い分けを、洒落本・滑稽本・人情本・噺本を資料に、形式の変化、場面・人物関係に注目して、二つの表現の比較・対照を試みた。その結果、その使い分けは話者の位相のみならず、聞き手との社会的関係・親疎関係・場面の緊張度が大きく影響し、また否定表現ではヌ系とナイ系は長く併用されたのに対し、当為表現ではヌ系がかなり長い間使用されていたのが、ヌ系からナイ系への切り替えが速いことも明らかとなった。このように、否定表現と当為表現の二つの表現を比較・対照させる捉え方は、ヌ系からナイ系への変遷の様相を明らかにするだけでなく、変化・定着の速さの違い等、その差異もわかるので有効であると思う。

しかし当為表現の場合、なぜヌ系からナイ系への転換が否定表現に比べてスムーズであったのか明確でなく、課題である。

注

1　ンケレバの出現数も含む。

2　五所（一九六八）では、式亭三馬の語彙調査をもとに、結論として、三馬は「当時実際に口にのぼされたことばにできるだけ忠実にのみ描こうと努力したのではないようである（二二四頁）」と述べて、『浮世風呂』に現れる言語をそのまま江戸の口頭言語資料とすることの危険性を指摘している。中村（一九七一）でも、やはり使用されている語彙のいくつかをもとにして、「少なくとも三馬の作品を文化文政の江戸語の資料とすることには、かなりの危険がともなふ」と、五所（一九六八）とほぼ同趣旨と思われる見解を述べている。さらに小林（一九七七）では、三馬の描く上方語が当時の上方語の実態とは異なることが指摘されている。このような『浮世風呂』をそのまま口頭言語資料として利用することに慎重な立場に対して、土屋（一九八一）では、助動詞「べい」の使用状況の調査結果等をもとにして、「彼（三馬・筆者注）の滑稽本中の町人の会話は、かなり忠実に三馬およびその周辺の町人の言語を反映しているだろうと考えることができる」と述べ、五所（一九六八）や中村（一九七一）の主張の根拠にも疑問を呈して批判している。さらに神戸（一九九三）では、合拗音の表記調査の他、土屋（一九八一）、小松（一九八二b）の連接母音 ai の長母音化の調査結果等総合して、「『浮世風呂』における江戸語描写の写実性の高さに対する信頼性は相当に高いものがあると考えられよう」と結論づけている。これらの先行研究での考察をまとめると、『浮世風呂』に現れる江戸以外の諸方言の信頼性については意見の分かれるところがあるにしても、少なくとも江戸語話者の発話については、その表記を当時の口頭言語をかなり反映したものとみることが可能のように思われる。

　本章調査の上方語資料の結果および第三章で取りあげる上方語資料において後項部ナルマイの前項部は、ズバ（ザ）とネバ、ニャが用いられており、『浮世風呂』の用例と齟齬しない。

3　後項部ナラヌの用例およびナラナイの前項部ヌ系の例をさす。

4　噺本の資料性については前田（一九九〇）、寺田（一九九五）を参照されたい。

第二章　関東地方における当為表現

はじめに

本章は、言語資料で得られた中央語の歴史と、『方言文法全国地図』[注1]（以下ＧＡＪ）に示された各地方の文法事象を対照させ、日本語の歴史を探ろうとするものである。

数多い文法事象の中でも当為表現（～ネバナラヌ・～ナケレバナラナイ・～ナクテハイケナイ）は先行研究が少なく、そのうえ、田中（一九六七・一九六九）、諸星（一九八五）、渋谷（一九八八）等の史的変遷を考察したものに傾く。また、方言についてはさらに少なく、寺川（一九八四）の尾張方言を考察したもの、松本（二〇〇〇）の氏調査による他表現との比較から当為表現後項部を検証したものに限られる。このように、従来の研究では史的変化はかなり明らかになったものの、共時的様相が十分に論究されていない。したがって、方言地図に現れる各地域の地理的状況を整理し、言語資料で得られた歴史と照合し、歴史と分布から検証する必要がある。

そこで本章では、江戸語・東京語資料における当為表現形式を整理し（史的変化）、その結果を方言地図と対照させ、通時態と共時態から考察を試みることとする。調査対象は江戸およびその周辺の言語話者に限り、上方者・田舎人の発話例を除外した。また「ト書き・序・跋・大意」等に現れるものも除外する。

方言地図は大橋勝男氏調査『関東地方域方言事象分布地図』（以下、大橋地図）[注2]および『方言文法全国

地図』第五巻（国立国語研究所編）を用いる。[注3] なお、『方言資料叢刊』第五巻「日本語方言の否定の表現」[注4]に当為表現の調査項目があり、この結果は大橋調査の約二〇年後、ＧＡＪ調査の約一〇年後の言語状況と位置づけられ、変化を検討するのに適しており、参考とした。

考察の手順は、当為表現が「ネバ・ナラヌ」「ナケレバ・ナラナイ」のように前項部は否定助辞の条件表現、後項部は禁止表現と二表現が合成された形式であるため、分けて考える必要がある。そのため、前項部と後項部に分け、はじめに言語資料の史的変化を整理し、方言地図と対照を行うこととする。

第一節　前項部の様子（ナケレバ・ナクテハを中心に）

一　江戸語・東京語資料の調査結果

洒落本・滑稽本・人情本・明治期文学作品・洋学資料における当為表現の表現形式・用例数を表1〜3にまとめた。また、表4・5は否定の助動詞の条件表現形式に占める当為表現前項部の使用数を記した。形式別に作品中の全出現数を示し、併記した括弧の数が当為表現の用例数をあらわす。なお、全体数から当為表現の用例数を差し引いた数が条件表現の用例数となる。

まず、洒落本からみていくと、ズバ・ネバ・ナイケレバ（ネヘケレバ）・ナイデハ（ネヘデハ）の使用が確認される。この中でもネバ・ナイケレバが集中して用いられている。また、洒落本ではナイケレバ

〈表1：江戸語　当為表現〉

	後項部	ナラヌ（ナラン）					ナラナイ（ナラネヘ）						ナルマイ				イカナイ	イケナイ	
	前項部	ネバ	ニャ	ナイケレバ	ナイデハ	ナケレバ	ネバ	ニャ	ナイケレバ	ナイデハ	ナクテハ	ナケレバ	ザア	ズバ	ニャ	ナイデハ	ネエジャア	ナイケレバ	ナクテハ
洒落本	雑兵物語　（天和3）																		
	甲駅新話　（安永4）								1										
	古契三娼　（天明7）																		
	通言総籬（〃）																		
	傾城買四十八手（寛政2）		3										1						
	傾城買二筋道（寛政10）			1					1										
	品川楊枝　（〃）			3															
	狂言雑話五大力（享和2）			1				2	1	1						1	1		
	滑稽吉原談語　（〃）	1						2						1					
滑稽本	浮世風呂　（文化6～7）	4	1	1	1			1	2	1			1						
	浮世床　（文化11）	2		2			2		1					1	1		1		
	潮来婦誌　（文化13）	2					2												
人情本	春色梅児誉美（天保3～5）	2							1			2	2						
	春色辰巳園（天保5～7）	1						1	5	5	2	1	2	1		1			
	春告鳥　（天保7）					1			8	1		1		2				1	1

〈表2：東京語　当為表現〉

	後項部	ナラヌ（ナラン）				ナラナイ（ナラネヘ）						ナルマイ				イカン			イケナイ				ダメ
	前項部	ネバ	ニャ	ナケレバ	ナクテハ	ズバ	ネバ	ニャ	ナケレバ	ナクテハ	ナイデハ	ズバ	ネバ	ナケレバ	ナクテハ	ナケレバ	ナクテハ	ナイト	ナケレバ	ナイデハ	ナクテハ	ナイト	ナクテハ
前期	西洋道中膝栗毛（明治2）			1		1		3		3		2											
	安愚楽鍋（明治4）	1	1	2				1															
	胡瓜遣（明治5）											1											
	春雨文庫（明治9）	6		1				2	5		2	2								1			
	雪中梅（明治19）	15 {1}										1	7	1									
	浮雲（明治20）			6	3				2	4					1								
中期	舞姫（明治23）																						
	文づかひ（明治24）																						
	変目伝（明治28）								2							1							
	たけくらべ（〃）																						
	金色夜叉（明治30）		1	25					4					1		2			3				
	半日（明治34）						2		1				1										
	重右衛門の最後（明治35）								1														
	琴のそら音（明治38）			1													1	3					
	坊ちゃん（明治39）			3	2																2 〈1〉	1	
	二百十日（〃）			1					1	2											4		
	蒲団（明治40）			5	1									1		2	1				1		
	野分（〃）	2 {20}		1 {7}	6				3	5				1 {1}							6	1	2
後期	或る朝（明治41）																						
	清兵衛と瓢箪（大正2）																						
	道草（大正4）								6	6									1		2	1	
	城の崎にて（大正9）																						

＊ 東京語の表にある〈　〉は手紙、{　}は演説部をあらわす

〈表3：洋学資料　当為表現〉

後項部分		ナラヌ			ナラナイ		ナルマイ	イケナイ
前項部分		ナイデハ	ナケレバ	ナクテハ	ナケレバ	ナクテハ	ナクテハ	ナイデハ
COLLOQUIAL JAPANESE (1863)	敬体							
	常体							
日用日本語対話集（1863）								
会話篇（1873）		1	1	5	1	6	1	1

のみみられ、ナケレバはまだ現れていない。したがって、洒落本が出版された一八世紀後半の江戸語では、否定の助動詞ナイの主たる条件表現形式はナイケレバであると推定される（数字は頁数）。

○始終はどこぞへ、かたづかずはなるめへ　（『吉原談語』二〇三頁）

○どうにもかへらにゃならぬ　（『傾城買四十八手』四〇五頁）

○なんでもこんや中にとゞけねへければなりやせん　（『品川楊枝』二九八頁）

○おいらもほんに此間太刀からへ遣ツた物を出さねへじやアならねエ　『五大力』一七四頁）

そして滑稽本も洒落本と同様にズバ（ザア）・ネバ・ナイケレバ・ナイデハがみられる。

○そんなことにでもせざアなるめへ　（『浮世風呂』二〇二頁）

○信心せねばならぬものだ　（『浮世風呂』二四二頁）

○地主さまへ往て来ねへきやアならねへ　（浮世床』三〇一頁）

○そこを女房も得心して居ねへぢやアならねへ　（『浮世風呂』一九一頁）

さらに、下って人情本ではこれらの形式に加え、新たにナケレバ・ナクテハが使用されるようになる。

〈表4：否定の条件表現形式に占める当為表現の割合〉

作品	ザレ	ズバ	ネバ	ナイケレバ	ナケレバ	ナイデハ	ナクテハ	ナイト
雑兵物語								
甲駅新話		1		1(1)				1
古契三娼		2						1
総籬								1
四十八手		1(1)	4(3)					1
二筋道		2		5(2)				
品川楊枝			1	4(3)				1
五大力		1		2(2)		3(3)		
吉原談語		1(1)	3(3)					
小計		8(2)	8(6)	12(8)		3(3)		5
浮世風呂		9(1)	12(6)	6(3)		7(2)		1
浮世床	1	7(1)	7(5)	5(3)		9(1)		1
潮来婦誌		3	6(4)	1				
小計	1	19(2)	25(15)	12(6)		16(3)		2
梅児誉美		6(3)	4(2)	5(1)	3(2)	1(1)		5
辰巳園		6(3)	2(2)	7(5)	1(1)	9(6)	2(2)	10
春告鳥		7(2)		18(8)	2(2)	2(1)	1(1)	4
小計		19(8)	6(4)	30(14)	6(5)	12(8)	3(3)	19
西洋道中		4(3)	4(2)	2	7(1)	4	3(3)	
安愚楽鍋	1		1(1)	1	3(2)		2	
胡瓜遣		2(1)			1			
春雨文庫	1	2(2)	10(8)		7(6)	3(3)		
雪中梅	1	2 {1}	37(23)					
浮雲	1				20(8)	1	9(8)	1
小計	4	10(6)	52(34)	3	38(17)	8(3)	14(11)	1
舞姫		1	1					
文づかひ			1					
変目伝					3(3)		2	
たけくらべ		3	3		3	1		
金色夜叉			1(1)		47(35)		3(3)	
半日			3(3)		4(1)			
重右衛門の				1	1(1)	2	2	
琴のそら音					2(1)		2(1)	3(3)
坊ちゃん					16(4)		10(4)	4(1)
二百十日					10(7)		4(1)	2
蒲団					9(8)		5(3)	
野分			21(18)		17(13)		26(19)	9
小計		4	30(22)	1	112(73)	3	54(31)	18(4)
或る朝								
清兵衛と瓢								
道草			1		14(7)		14(8)	6(1)
城の崎にて								
小計			1		14(7)		14(8)	6(1)

〈表5：洋学資料　否定の条件表現形式に占める当為表現の割合〉

		ズバ	ネバ	ナイケレバ	ナケレバ	ナイデハ	ナクテハ
COLLOQUIAL	敬体		1				
JAPANESE	常体		1				
日用日本語対話集							
会話篇					4(2)	(2)	12(12)

○イヤ今日はおそくなつたから今日はよしねへ。余程いそがなければならねへ
（『春色梅児誉美』四頁）

○ナニそりやい、がの、帰らなくツちやアならねへことが出来たからヨ
（『春色辰巳園』三一三頁）

つづく東京語前期[注5]（明治元年〜二〇年）資料もほぼ人情本の使用状況と重なる。ただ、ナイケレバはナケレバへと変化し終えたのだろうか、認められない。[注6]

○廣めもせず置て往て仕舞なければ成らないから
（『春雨文庫』三六三頁）

○石に囓付ても出世をしなくツちやアならないと心懸なければならない所だ
（『浮雲』七九頁）

中期（明治二一年〜四〇年）ではネバ・ナケレバ・ナクテハ・ナイトの四形式になり、ズバ・ナイデハが消滅する（ナイトは後項部イカン・イケナイのみに接続する）。

○急に行かなければならん所ぢやあるまい
（『金色夜叉』一四一頁）

○君、しつかり傘を握つて居なくつちやいけないぜ
（『二百十日』六一七頁）

○現に君の前任者がやられたんだから、気を付けないといけないと云ふんです
（『坊ちゃん』二九一頁）

そして後期（明治四一年〜）にはネバが衰退し（条件表現に一例）、ナケレバ・

ナクテハ・ナイトにまとめられる（用例はすべて『道草』）。

○それに今日は明けの日だから、遅くとも十一時頃迄には歸らなきやならないんだから（三六〇頁）

○單に夫といふ名前が付いてゐるからと云ふ丈の意味で、其人を尊敬しなくてはならないと強ひられても・・・（四九三頁）

○近頃は時候が悪いから、能く気を付けないと不可せんね（四二九頁）

以上の例から、江戸語・東京語資料における当為表現前項部形式は、否定の助動詞ヌ系のズバ・ネバとナイ系のナイケレバ・ナケレバ・ナイデハ・ナクテハ・ナイトが確認された。また史的変化としては、否定の助動詞ヌの衰退に伴い、当為表現においてもネバが漸減し、ナイ系のナケレバ・ナクテハに収斂される過程がうかがえた。

このことは洋学資料においても同様の傾向を得た。洋学資料にみられる前項部形式はナケレバ・ナイデハ・ナクテハである（以下、洋学資料の用例はすべて『会話篇』による。数字は用例番号）。

○So iu toki ni iwanakeria naranu.（EXERCISE Ⅶ・一四）

○Kono-ho domo wa hi no aru uchi tomari e tsukana ja naran.（XⅦ・一四）

○Kutsu wo migaitari kimono wo harattari shinakutcha naranai ja nai ka.（V・七）

今回調査した洋学資料は、外国人のための江戸語（東京語）の手引き書として書かれたもので、会話文と対話の用例が豊富である。また、その作成にあたっては江戸在住の武家・知識人階層が関わっており、幕末期の江戸語・東京語を反映した資料といえる。[注7] この洋学資料を調査した結果、ネバが当為表現に見当たらない。従来、武家・知識人階層には上方語的な要素を多用することが指摘されている。実際、滑稽本・人情本・明治文学作品にみられる上流話者の言語形式にはネバが確認される。なぜ、このような食い違いがおきたのであろうか。

これはネバが当為表現形式として衰退する様相の現れと考えたい。[注8]というのは、洋学資料は実際の会話文を再現する資料であり、文学作品に比べ口語性が高いと目されるからである。このことは、明治前期の文学作品にネバがみられたことからも裏付けられよう。小説の文章は、明治二〇年頃におこった言文一致運動を機に、話しことばに即した文章が用いられるようになり、地の文と会話文の接近が試みられた。こうした事情を考慮すると、今回調査した明治期文学作品は、話しことば的性格が強くなるものの、依然書きことばが用いられたため、洋学資料には認められなかったネバがみられたのだろう。[注9]ここでは口語性の違いによるものと推測を述べるにとどめ、課題としたい。

この他、表4にはナイケレバ＞ナケレバ、ナイデハ＞ナクテハへと変化する過程が示されており、特に両新形式の初出例は当為表現である点が注目される。

二　言語地図の模様

一　大橋地図

大橋地図Map九六「行かなくてはならない。」によると、関東地方の当為表現前項部は、「行かナケレバ」と「行かナクテハ（ワ）」の二形式が確認できる。

全体を見渡すと、ナケレバ類が関東地方の周辺部に片寄って分布しているのに対し、ナクテハ類はナケレバ類に囲まれた内側に分布しており、ドーナツ状の分布状態であるのが分かる。

この分布状況から、古形式ナケレバ類が分布していたところに新形式ナクテハ類が都心部におこり、古形式ナケレバ類が周辺に追いやられたという歴史が推測され、ナクテハ類の中に散見されるナケレバ類は部分的残存と考えられる。

また『方言資料叢刊』によると、ナケレバ類は「イガナケリャー」（群馬県藤岡市）、「イガナキャ」（茨城県岩間町）、「イカナキャ」（神奈川県小田原・長野県松本市）が確認されたのに対し、ナクテハ類は「イカナクチャ」（東京都台東区）のみであり、ナクテハ類が都心に、ナケレバ類がその周辺を囲んでいることが、ここでも矛盾しない。[注10]

二　GAJ

次に、GAJ二〇六図「行かなければならない」の分布状況は、行かネバ・行かナケレバ・行かナクテワの三形式に大別される。

このうちネバ類は東北・中部・関西・中国・四国・九州地方と広汎にみられるのに対し、ナケレバ・ナクテハ類が関東・東海・東北の一部（福島・宮城・新潟）とネバに比べ狭い分布である（和歌山・岡山・高知・愛媛・熊本に孤存が認められるが歴史は不明）。

関東地方ではナイ系のナケレバ・ナクテワの二形式が確認され、[注11]ナケレバ類は茨城（太平洋側）・千葉・東京・神奈川・静岡・長野北中部、新潟南西部・福島・宮城（福島・宮城はナクテワ類が優勢）・新島・三宅島に認められる。

一方、ナクテワ類は、岩手（宮城県境）・宮城・福島（太平洋側・中部）・茨城（埼玉県境）・埼玉・栃木・群馬・長野北部・新潟南部・伊豆大島に分布が確認される。

ところで、先の大橋地図および『方言資料叢刊』ではナケレバ類がナクテハ類を囲む分布図が示されたが、ＧＡＪでは関東の中央部から周辺部にかけての様相はナケレバ／ナクテワ／ナケレバ／ナクテワであり、ＡＢＡＢ型分布と読みとれる。この点はどのように解釈したらよいであろうか。

これは二案推測できる。一つは、都心部のナケレバがナクテワに駆逐されずに残存したとするナケレバ残存説で、もう一つは、東京・神奈川・千葉（東京寄り）にナクテワ類が定着した後、再びナケレバが勢力を得たとするナケレバ蘇生説である。前説の補強資料として、明治三九年に国語調査委員会によりまとめられた『口語法調査報告書』第三一条「動詞ヲ打消ニ形作ルニハ」があげられる。そこには関東地方に広くナケレバの使用が確認され、ナケレバが残存していたと考えられる。[注12]対するナケレバ蘇生説は、大橋地図の神奈川県の様相があてはまる。都心にもっとも近い東部の横浜市にナケレバ類が集中しているのに対し、西部の足軽郡や山間部にナクテワ類が分布しているのである。横浜市に古いナケレバが残存し、西部や山間部に新形ナクテワが使用されたとは考えにくく、共通語としてのナケレバが分布したと考えるのが適当ではないだろうか。ただしこの二図だけでは結論が出ないため、後考を期したい。

第二節　後項部の様子（ナラナイ・イケナイを中心に）

一　江戸語・東京語資料の調査結果

江戸語・東京語資料の調査結果を表6、洋学資料の結果を表7に示す。

調査の結果、江戸語資料ではナラヌ・ナラナイが占め、イカナイが洒落本・滑稽本に各一例、イケナイは人情本に二例認められるのみである。

○どうもかへらにやならぬ（『傾城買四十八手』四〇五頁）

○早く帰つてお節の支度をせにやアならねへ（『浮世風呂』一七五頁）

○他でもねへから往てやらねへけりやアならねへ（『春告鳥』五四一頁）

○よつぽと骨をおらねエじやアいかねへ（『五大力』一七二頁）

○おれが端棒で付て見せねへぢやアいかねへはさ（『浮世床』二七六頁）

○肝心の梅里さんの気がそれた日にやア、いよ〱私の恥だから、是非直にしなくつてはいけないから（『春告鳥』五四五頁）

ナル系優勢の様相は東京語資料・洋学資料も同傾向である。

○蛇に会ツた蛙どうやうですくンでばかりおらにやアならんそのたび〱（『安愚楽鍋』一六〇頁）

〈表6：禁止表現形式に占める当為表現の割合〉

作　品	ナラヌ	ナラナイ	イカヌ	イカナイ	イケナイ	ダメ
雑兵物語		8				
甲駅新話		2(1)			1	
古契三娼						
総籬		3	1			
四十八手	4(3)				1	
二筋道	2(1)	1(1)				
品川楊枝	3(3)					
五大力	1(1)	6(4)		1(1)		
吉原談語	1(1)	3(2)				
小　計	11(9)	15(8)	1	1(1)	2	
浮世風呂	12(7)	10(4)		5		
浮世床	8(4)	16(3)		7(1)	1	
潮来婦誌	3(2)	6(2)		2		
小　計	23(13)	32(9)		14(1)	1	
梅児誉美	6(2)	7(3)		1		
辰巳園	4(1)	24(14)			19	
春告鳥	4(2)	20(10)		1	8(2)	
小　計	14(5)	51(27)		2	27(2)	
西洋道中	2(1)	9(4)		7	22	
安愚楽鍋	5(4)	6(1)		1	3	
胡瓜遣	1	3	1		1	
春雨文庫	6(1)	18(16)	1	1	7(1)	
雪中梅	28(15) {1(1)}	1	1	4		
浮雲	11(8)	13(6)	7		6	
小　計	54(30)	50(27)	10	13	39 (1)	
舞姫						
文づかひ						
変目伝		2(2)			8	
たけくら	2	3	1(1)		1	
金色夜叉	31(26)	4(4)	22(2)	3	12(4)	
半日		1			3	
重右衛の		2(1)	1			
琴のそら	2(1)		4(4)			
坊ちゃん	5(5)		4		3(3) 3〈1〉	
二百十日	3(3)	3(3)			14(4)	
蒲団	9(6)		5(2)		1(1)	
野分	9(9) {27(27)}	8(8)	2		23(7)	2(2)
小　計	88(77)	23(18)	39 (9)	3	65(19)	2(2)
或る朝						
清兵衛						
道草		18(17)			10(4)	
城の崎に						
小　計		18(17)			10(4)	

〈表7：洋学資料　禁止表現に占める当為表現の割合〉

		ナラヌ	ナラナイ	イカン	イカナイ	イケナイ
COLLOQUIAL	敬体	1				
JAPANESE	常体	3				
日用日本語対話集						1
会話篇		9(7)	(7)	1	3	5(1)

○そこで君は僕と一所に熊本へ歸らなくちあ、ならないと云ふ譯さ（『二百十日』六二八頁）

○此暮を越さなくつちやならないんだ（『道草』五五二頁）

○些と気を付けないじやア宜ないヨ・・・（『春雨文庫』三一六頁）

○相違ないから用心しなくてはいかんと云ふのさ（『琴のそら音』九二頁）

○確かりして呉れなくちや不可いよ（『道草』四一三頁）

○Tokoro de, shito wo herasanakutcha naranai kara, kinodoku da ga, temei ni mo itoma wo yaranakutcha naran.'（XⅣ・一三）

○Ma shin wa moto de gozaimasu ga, fudan ni sosho wo omo ni mochiimasukara, subete mina omanabi nasaranai ja ikemasen.'（XX・七）

右例から、言語資料にみられる当為表現後項部形式は、ナラヌ・ナラナイ優勢の結果が得られた。明治中期からイカヌ・イケナイの増加傾向がうかがえるが、依然、ナラヌ・ナラナイ優勢の状態である。

二　言語地図の模様

一　大橋地図

大橋地図によると関東地方の後項部は、ナラナイ・オエナイ・イケナイの三形式に大別できる。

千葉県上総以南にオエナイが分布し、この他、茨城・栃木県境、茨城・埼玉県境、埼玉東部と埼玉中西部に認められる。また、イケナイは神奈川沿岸部に集中し、その他、茨城・長野・神奈川に散在している。それ以外はナラナイ類に広く覆われた分布となっている。

ここで大きな特徴が見出せる。千葉県上総以南のオエナイと神奈川沿岸部のイケナイは単独使用であるのに対し、その他のオエナイ、イケナイ形式は、ナラナイと併用されている点である。これはどういうことを示しているのか。

前節の史的変化ではイケナイは新形式であり、さらにオエナイに関してはみた文献のかぎりでは用例が得られなかった。イケナイに関してはＧＡＪの様相を含め、次項で検討する。

なお、『方言資料叢刊』の調査結果は

ナラナイ…：群馬県藤岡市、栃木県宇都宮市、茨城県岩間町、東京都台東区、長野県伊那郡、静岡県榛原郡・浜名郡

イケナイ…：神奈川県小田原市、長野県松本市

となり[注13]、大橋地図と同様、神奈川県にイケナイが認められる。

二　ＧＡＪ

ＧＡＪ二〇七図「行かなければならない」にはナラナイ・イケナイ・アカン・オエナイ・スマナイ[注14]・

ダメが認められる。[注15]ナラナイが全国に広く分布し、その他の形式が散在している様子がみてとれる。

このうち関東地方にはナラナイ・イケナイ・オエナイの三形式が認められる。オエナイは、大橋地図と同じく、千葉県上総以南に分布が示されている。またイケナイ類は、神奈川・東京・千葉（上総以南）・茨城（孤存）・長野北中部に分布している。ナラナイは先述したとおり、全都県で確認できる。

ところで、先の大橋地図で問題となったオエナイとイケナイに関して、当該地図に興味深い分布がみえる。それは千葉県上総以南のオエナイ地域に併用形式としてイケナイが認められる点である。全国の広汎な地域にナラナイが分布しているにも関わらず、なぜイケナイが併用されたのであろうか。また、神奈川のイケナイは大橋地図とほぼ同じ地域に認められる。この二地域はどう関わるのであろうか。どこからイケナイ形式が伝播したのか、もしくは発想が似た形で独自に形成したのであろうか。

再度ＧＡＪでイケナイの分布を確認すると、イク系（イカン・アカンを含む）は関西・中国・四国・九州に広く分布している。この分布状況から推察すると、先に西日本で成立したとも考えられる。ただし関東のイケナイが西日本から伝播したのか、それとも似た発想のもと独自に形成されたのかは不明である。この点を歴史的な面から考えたい。

先述のとおり、江戸語話者の使用は享和二年に初出例が認められる。しかし話者の位相等、特筆すべき特徴はみられない（ナラナイ形も併用する）。ところが、田中（一九六七）は『浮世風呂』の「シタガ何事も気長うせにやゆかぬはい。コレ見やんせ」（傍線は筆者による）の上方語話者の例をあげ、「これは上方者のことばであり、江戸語には、まず、なかつたと言つてよい」と述べている。[注16]さらに田中（一九六九）では「明治以降の東京語の当為表現を、近世江戸語のそれと比較した場合、もっとも目立つ違いは、江戸語には、まったくみられない「ナケレバイカン」「ナケレバイケナイ」「ナクテハイケナイ」等、後部分「イク系」の表現が現われてくる点である。」としている。[注17] しかし筆者の調査では、洒落本『五大力』滑稽本『浮世床』人情本『春告鳥』に江戸語話者のイク系使用を確認しており、江戸時代後期に既にイク系が江戸で使用されていたと考える。[注18] ただし、その使用はまだ一般的でなかったのであろう。

また、先の「上方者のことば」という指摘は、ＧＡＪの分布状況をあわせみると、西日本から伝播したとも考えられる。しかし、近世後期の上方洒落本を調査した結果、[注19] イカン・アカン類の用例は得られなかった。また、今回得られた用例から推測すると、江戸期の用例はイカナイ・イケナイとナイが用いられていることから、関西から伝播したというよりは、むしろ類似の発想のもと、独自に形成したと考えられる。なお今回、近世後期の上方話者によるイク系の用例が上方板洒落本に確認できず、位相等を含めた関西地方のイク系の出自を確認する必要があろう。さらに調査を進めたい。

そして先述の千葉・神奈川におけるイケナイに関しては次の二案が考えられる。第一は、ナラナイが分布していたところにイケナイが侵入し、分布をのばしている過程であるため、ナラナイではなく新形式イケナイを採用したとする考えで、第二は、東京湾・相模湾と太平洋沿岸部（伊豆諸島・神奈川・東京・千葉）にイケナイが集中していることから、海から伝播したとする予測である。が、この地図だけでは断定できない。

本章のまとめ

以上、第一節に前項部、第二節に後項部の史的変化と方言地図の分布を概観してきた。本節では両者を対照させ、関東地方における当為表現を検討する。

まず、言語資料により明らかになった点を以下にまとめる。

○前項部は否定の助動詞ヌの衰退に伴いネバが漸減し、ナイ系形式ナケレバ・ナクテハが中心となる。これは資料の口語性の違いからも裏付けられる。

○後項部はナラヌ・ナラナイが江戸・明治期にわたり使用される。イケナイの初出は享和二年の資料に確認されたが、江戸語期には洒落本・滑稽本に各一例、人情本に二例とたいへん少なく（ナラヌ・ナラナイは洒落本に一七例、滑稽本に二二例、人情本では三二例）、明治二〇年以降、増加の傾向が見みられるものの、ナラナイの比ではない。

次に、方言地図の分布をまとめる。

○前項部はナケレバ類が都心部と周辺部に、ナクテハ類がその間の地域を占める、ドーナツ状態の分布であり、都心のナケレバは残存形と蘇生形の二説が考えられる。

○後項部はナラナイが関東地方全体に広く分布している中、オエナイが千葉県上総地方に、イケナイは神奈川沿岸部に確認される。イケナイは西日本に類似のイカンが認められ、関東に伝播されたものか、独自に成立したかは不明である。オエナイに関しては関東方言と考えられる。なお、オエナイ地域の併用形式はイケナイである。

右記の通時態と共時態を対照させた結果、次の二点が指摘できる。

①前項部は江戸から明治にかけてナケレバ・ナクテハが当為表現の二大形式となる歴史が示されたのに対し、分布においては言語資料と同様、ナケレバ／ナクテハの併用説とナケレバ（関東方言）の衰退＞ナクテハに交替＞ナケレバ（共通語）の蘇生という、重層的な変化が予測される。

②後項部では江戸・明治期にわたりナラヌ・ナラナイが中心的な形式であり、イケナイの増加はこれに及ばない。この点は方言地図の様相も通い合い、関東全土にナラナイが分布する。

また、今回調査した文学作品にオエナイの例が得られなかったことを考慮すると、言語資料に記述される江戸語（東京語）の性格が問題となる。言語資料にオエナイがみられない理由は、当時の共通語（江戸・東京の中心で使用されたことば）で描かれたためと思われる。それは、話者が上方者や田舎人であっても、それをその地の方言を反映していると鵜呑みにできないことを意味する。この点を埋めるのに方言地図を使用することはたいへん有効である。各地域の言語状況から中央語の歴史を再確認・補足・修正し、諸方言を含めた日本語の歴史が明らかにできよう。それと同時に言語資料に記述されることばの性格・特色も明らかになると考える。

注

1 『方言文法全国地図』は、全国八〇七地点でその土地生え抜きの高年層の男性話者に対し、文法事象に関する二六七の項目について直接面接して調査した結果を地図にしたものである。調査期間は一九七九から一九八二年。各集には、平均五〇面の言語地図、および、解説書を収め、解説書には「方法」「各図の説明調査結果の生資料（音声表記・注記）を記載した「資料一覧」が収録されている。地図の大きさは、三六．四cm×五一．六cmで、最大六色刷り、解説書はB５版である。全六集刊行され、インターネット上にも公開されている。

2 大橋勝男氏調査の『関東地方域方言事象分布地図』は、昭和四一年から四四年にかけて、明治三〇年代に生まれた六〇歳代の生え抜きの女性を対象に、伊豆諸島を含む関東地方の方言を二七六地点にわたって実地調査した分布図である。なお前項部形式の分布図は本章掲載図以外に二図（Ｍａｐ五二・Ｍａｐ一〇〇）あるが、本章はナケレバ類とナクテハ類の分布に注目したこと、二図が条件表現の接続法に重視した作図であったため、扱わなかった。詳しくは原図を参照されたい。

3 ＧＡＪには本章で扱った以外に総合図二〇八図がある。併せて参照されたい。

4 『方言資料叢刊』の調査は一九九四年に行われ、対象者はその土地生え抜きの六〇歳代の女性である。

5 明治期を前期・中期・後期に分類した理由は、当時起こった言文一致運動を背景とした状況にある。

6 明治期に入るとナイケレバは漸減する（前期に四例、中期に一例）。その用法も次例のとおり仮定条件であり、当為表現にはみられない。

○此方が勝手を知らねへからこんな頓間なことハしたがそれがいやで出やアがらねへけりやア場代《つとめ》ハ出さねへから五分とんだア

（『西洋道中膝栗毛』二一八頁）

○ハテ人ハ大きなことをのぞまねへけりやア開花の人物じゃねへヨ　（『安愚楽鍋』一五八頁）

7　松村（一九七〇）参照。

8　洋学資料でも他の条件表現にはネバが二例認められる。

9　もちろんこうした事情以外に、文体の性質、作者の意識が大きく関わる。

10　大橋調査と比べると接続助詞バを落とす傾向が得られたが、ナケレバ／ナクテハの分布様相に変わりはない。

11　関東地方にもネバが千葉県南部に二地点認められるが、ナイ系優勢の分布状況が示されている。

12　ただし『口語法調査報告書』は当為表現について言及したものでない点に注意を要する。ナケレバの他にはズバ・ネバ・ナクバが認められる。

13　『方言資料叢刊』は千葉県を調査地域に含んでいないため、オエナイ類の記載が見当たらない。

14　スマナイは鹿児島県に散見される。なお言語資料でも用例を確認できる（『傾城買二筋道』『潮来婦誌』『雪中梅』『変目伝』『たけくらべ』『蒲団』『野分』に各一例（会話部分））。用例も僅かであり、鹿児島方言とどのように関わるのかは明言できないが、明治期に使用が増えること、～ナケレバナラナイとはニュアンスが異なることから、スマナイは条件表現の帰結句として成句的表現（この他、困る・良い・悪い等）となり、それが地図上に現れたと考える。ただし鹿児島県のみの分布であるため、方言形式とも考えられるが、不明である。用例を次にあげる。

○それから先生に是非お目にかかつてお礼を申上げなければ済まないと申して居りましたけれど・・・　（『蒲団』五五頁）

15　地図では長野、茨城・栃木の県境、秋田・山形県境、山形・宮城県境に孤例、新潟に二例認められる。言語資料でもその使用が確認できる。ダメはスマナイと異なり禁止表現であるため、方言形式ではなく、当為表現の新形式と考える。

16　田中（一九六七）一一一―一一二頁。また田中（一九六九）にも同内容の記載がある。

17　田中（一九六九）六六一頁参照。

18　渋谷（一九八八）の「イケナイ」の初出例は『浮世床』である。

19　次章で詳述するが、宝暦～弘化期の上方洒落本（洒落本大成使用）を調査した。その結果、当為表現後項部形式は「ナラヌ（ナラン）」「オカヌ」「キカヌ」であり、「イカヌ（イカン）」の記述は認められない。

第三章　近世以降の東西方言における禁止表現の史的研究

――当為表現との関わりから――

はじめに

本章は近世後期以降の二大中央語、つまり上方語・関西語および江戸語・東京語における禁止表現の史的変化を考察するものである。

近世以降の禁止表現の考察はすでに渋谷勝己（一九八八）「江戸語・東京語の当為表現―後部イケナイの成立を中心に―」（『日本学報』七）等[注1]があり、イケナイの成立について可能・禁止・危惧・自発等の周辺の表現まで広く検討がなされている。ただ、江戸語・東京語のみを対象にしており、イケナイに対する上方語形式イカン／イケンの位置づけ等が課題として残されている。本章はこうした点に留意して考察を試みる。

なお、渋谷（一九八八）も述べるとおり、ナラヌ・イケナイ等の表現には複数の意味がある。[注2]本章では当為表現（〜ネバナラヌ・〜ナケレバイケナイ）との比較・検証を目的としており、禁止用法のみを考察対象とする。

さらに、今日的な分布状況との比較、検証には『方言文法全国地図』（以下、ＧＡＪ）との照合がなされるべきである。本章でも少し触れるが、今の段階では全国の史的動向を検証するまでには至っていない。この点は今後補うことにする。

第一節　調査資料

ここでは近世期後期から明治・大正にかけての上方語・関西語、江戸語・東京語を考察する。使用した資料はほぼ年代順に洒落本、滑稽本、人情本、俄類、小説、落語ＳＰレコードである。具体的には宝暦以降のもので、資料全般は口語体文献を中心とした。

また史的変化を考察するうえで、江戸語は複数の方言を土台にしてできた歴史を持つため、江戸近辺のことばも参考にする必要がある。そのため、江戸で最初に作られた宿場町新宿を題材にした『甲駅新話』、北総佐原を描いた『潮来婦誌』を調査に加える。

用例は上方・関西、江戸・東京およびその周辺の言語話者の会話部分のみ取り、「ト書き・序・跋・大意」等に現れるものは除外する。

第二節　ＧＡＪの様子

まず、現代の様子を見ておこう。

ＧＡＪ第二二六図に禁止表現「そっちに行ってはいけない」がある。この分布をから東日本と西日本で二分されることがわかる。

東日本からみていく。関東地方はダメ類とイケナイ類が多く、イカナイ類も埼玉、栃木に点在している。その他、ナイ類が静岡東部、埼玉全域、栃木にダメ類・イケナイ類の併用形式として認められる。また、千葉県房総半島にオイネーが散見される。

東北地方は関東同様、ダメ類が広く分布するなか、青森西部にマエネー類、東部にワガンネー類が分布する。ワガンネー類は太平洋側の岩手・宮城および山形南部の宮城県境においてダメ類の併用形式として広く示される。山形北部は、ダメ類以外ではワルイ類が認められる。秋田はダチカンの派生形式のヤチカン、ジャザネ等[注3]がダメ類との併用形式として全域に分布している。

これに対して、西日本はダメ類の分布がほとんどない。中部地方の愛知、岐阜を境に西では島根、愛媛、山口、福岡、宮崎に点在するのみである。そして近畿地方は、アカン類とイカン類で占められている。近畿を囲うように、東の中部地方、西は四国・九州地方にイカン類があり、中国地方はイケン類が分布する。九州ではこの他、ナラン類、デキン類、アブナイ類、ジャセン類、スマンがある。

このようにGAJの分布状況は、ダメ類が広く分布する東日本とアカン、イカン類で構成される西日本という具合に東西で大きく異なることが認められる。では、文献資料ではどうであろうか。

第三節　文献資料の様子

本節では近世後期の使用状況をみる。上方語・関西語、江戸語・東京語の順に検証を進める。

一　上方語・関西語

表1に上方語、表2に関西語の禁止表現形式および全出現数をまとめる。空欄はゼロである。

表1によれば、上方語の禁止表現の形式をまとめると七形式認められる。ナラヌ（ナラン・ナンを含む）、ナリマセヌ（ナリマセン）、ナルマイ、イカヌ（イカン・ユカヌ）、イキマセン、イケヌ、アカヌ（アカン）である。以下、用例を示す（数字は頁数）。

○ゆふてふなせんさくはならぬ事なり　（『秘事真告』三六五頁）

○何しや有ふと今日からは何所へも出す事ならぬ　（『身体山吹色』五七頁）

○おまへが何ンのかのといふてのきたいのかえアタなりませぬでござります　（『陽台遺編』二〇頁）

○しめ殺されても逢事はなりませぬ。　（『感跖酔裏』一八六頁）

○そふして来年の二月になりましたら私しの勝手次第のことゆへどふぞナあたの内へというてはなるまいけれと　（『十界和尚話』一八七頁）

○諸芸いろ〳〵持合て。上手にも巧者にもなるもの。手が長ければ盗人なり。足が達者なら捷歩《ひきやく》になり。声がしはがれると幇閑《たいこ》的になると。こうばかり心得てはいかぬ事。　（『風流睟談議』一一三頁）

○もしこの小判はいきません。かえておくれなされ。　（『深色狭睡夢』三二八頁）

○いつでも来ると入口から。額に青筋立て小婢中居を呵り。座敷へ通つて不掃除なる事と挨拶のたらぬを叱り。肴吸もののもつゐに能とはいはず。いけぬ〳〵いふか地にて相応に喰ひ。幇間絃妓もしか

〈表1：上方語〉

	ナラヌ（ナラン・ナン）	ナルマイ	ナリマセヌ（ナリマセン）	イカヌ（ユカヌ）	イキマセン（ユキマセン）	イケヌ	アカヌ（アカン）
開学小筌（宝暦4頃）	5						
穿当珍話（宝暦6）							
聖遊廓（宝暦7）							
浪花色八卦（宝暦7か）							
秘事真告（宝暦7頃）	1						
遊客年々考（宝暦7）							
陽台遺編（宝暦8）			1				
肉道秘鍵（宝暦8か）							
正夢後悔玉（宝暦11）	1						
感跖酔裏（宝暦12）			1				
原柳巷花語（宝暦頃）	4		1				
月花余情（宝暦頃）							
異本郭中奇譚（明和末頃）	1						
風流睟談議（安永3）				2	1		
無論里問答（安永5）	1					1	
粋宇瑠璃（天明5）	1						
粋の源（天明5）						2	
北華通情（寛政6）	1		1				
塩梅加減粋庖丁（寛政7）	1						
來芝一代記（寛政9）				1			
十界和尚話（寛政10）	1	1					
身体山吹色（寛政11）	5			1			
南遊記（寛政12）	1						1
当世嘘之川（享和4）	1		1				
当世廓中掃除（文化4）	1						
当世粋の曙（文政3）	2						
深色狭睡夢（文政9）	2			3	2		
北川蜆殻（文政9）							
興斗月（天保7）							
風俗三国士（弘化1）				1			
合　計	29	1	5	8	3	3	1
	35			11		3	1

〈表2：関西語〉

	ナラヌ（ン）	ナン	ナリマセン	イカン	イケマセン	アカン
馬小屋（明治36）					1	
盲の提灯（〃）						
天神咄（〃）						
魚売り（〃）						
亀屋左兵衛（〃）						
蛸の手（〃）						
きらいきらい坊主（〃）						
煙管返し（〃）						
後へ心がつかぬ（明治40頃）				1		
一枚起請（明治40）						
いらちの愛宕参り（〃）						
魚尽し（〃）						
筍手討（〃）						
平の蔭（〃）						
いびき車（明治42）						1
芋の地獄（〃）						
日と月の下界旅行（明治44）						
動物博覧会（〃）						
絵手紙（明治44頃）						
近江八景（明治44頃）						
たん医者（明治44頃）						
近日息子（明治44頃）						
鋲盗人（明治末～大正初）						
恵比須小判（〃）						
倹約の極意（〃）						
芝居の小噺（〃）						
さとり坊主（大正12）						
日和違い（〃）				2		
電話の散財（〃）				1		
長屋議会（〃）						
理屈あんま（大正13）					1	1
やいと丁稚（大正14）				3		
浮世床（大正15）						
合　計				7	2	2

られ上手とて。

○幸さん。しつかりといふてやりいな。おまへが全躰気がよわいよつて。あかんわいな。

（『粋の源』一九頁）

（『北川蜆殻』三五五頁）

GAJに示されたイカン類、アカンが近世後期に認められる。しかし、アカンはわずか一例と萌芽期といえよう。イカヌ類も一一例と少ない。また、中国地方に分布していたイケヌ類もわずか三例ではあるが、存する。また、GAJでは九州地方にあるナラヌ類がまだこの時期では中心的な用法であることが表1から確かめられる。

つづく関西語ではどうであろうか。表2は表1とはまったく様子が異なる。それはナラヌ類が消滅し、イカン・イケマセン・アカンが専用形式として台頭している点である。用例をみてみよう。

○トコローデ　オヌシオツレテイキタイガ　ツレテクチューワケニワイカン。

（ところでお主を連れて行きたいが、連れて行くちゅう訳にはいかん。

『後へ心がつかぬ』男→女二四頁）

○キラレレエンカ　キラレルヤナイカイ。イチバンウエノナワ　キッタライカンデ。

（着られれへんか、着られるやないかい。一番上の縄切ったらいかんで。

『日和違い』米屋→吉兵衛一〇六頁）

○ナケマシイートモ　アイテガメーノワルイモノ。　ナー　イニシナニ　ゴテツイテワイケマセン

ヨッテナー　ハキモンエ　コノ　ツエオトーシトケー。ツエワトーッテコーシテト　タノシンダカ

イモノー　ナンテ。イヤットマカセノ　コレワイショット

（相手が目の悪い者。なあ去にしなにごてついてはいけませんよってなあ

『理屈あんま』あんま→太郎兵衛一五〇頁）

○アッ　ネテル。アカンワ。（『いびき車』車屋→　九一頁）

○ハッハッハッハッハッ。　エラソーニユーテモ　アカンワイ。

（『理屈あんま』あんま→太郎兵衛一五〇頁）

右記のとおり、上方語ではナラヌ類が中心形式であったが、明治になるとナラヌ類は衰退し、イカヌ・イケマセン・アカンへと変化する様子がうかがえる。なお、わずかな用例数のため断言はできないが、アカンはイカンほどまだ定着しておらず、新形式として定着の過程であると推測される。[注4]アカンの定着に関しては、資料を増やし、今後に期す。

また、ＧＡＪで中国地方のみ分布しているイケン類は、近世後期には使用されているが、この時期はもう近畿地方では用いられなかったのだろうか、認められない。

以上のように、イカンが中心形式のなか、アカンが登場するという表2の明治以降の文献資料の様子は、ＧＡＪの分布状況の前段階を示す結果といえよう。では、江戸語・東京語はどうであろうか。

二　江戸語・東京語

前節同様、表3に江戸語・東京語[注5]の形式および用例数を示す。表より上方語・関西語とは異なる結果

〈表3：江戸語・東京語〉

作　品	ナラヌ	ナラナイ	イカヌ	イカナイ	イケナイ
甲駅新話（安永4年）		1			
古契三娼（天明7年）		1			
通言総籬（天明7年）					
傾城買四十八手（寛政2年）	2				1
傾城買二筋道（寛政10年）	1				
品川楊枝（寛政10年）					
狂言雑話五大力（享和2年）					
滑稽吉原談語（享和2年）					
小　計	3	2			1
浮世風呂（文化6～7年）	5	3		2	
浮世床（文化11年）	3	4		4	1
潮来婦誌（文化13年）	1	1			
小　計	9	8		6	1
春色梅児誉美（天保3～5年）	2	3			
春色辰巳園（天保5～7年）	3	4			5
春告鳥（天保7年）	1	4		1	4
小　計	6	11		1	9
西洋道中膝栗毛（明治2年）		1	1		20
安愚楽鍋（明治4年）	1				3
胡瓜遣（明治5年）					1
春雨文庫（明治9年）	3	1		1	3
雪中梅（明治19年）	6		2		4
浮雲（明治20年）	3	2	7		3
小　計	13	4	10	1	34
舞姫（明治23年）					
文づかひ（明治24年）					
変目伝（明治28年）					4
たけくらべ（明治28年）	2	3			1
金色夜叉（明治30年）		2	23		7
半日（明治34年）		1			3
重右衛の最後（明治35年）	2				
琴のそら音（明治38年）	1				
坊つちやん（明治39年）			4		
二百十日（明治39年）					10
蒲團（明治40年）	2		2		
野分（明治40年）	3		2		11
小　計	10	6	31		36
或る朝（明治41年）					
清兵衛と瓢箪（大正2年）					
道草（大正4年）		2			7
城の崎にて（大正9年）					
小　計		2			7
合　計	41	33	41	8	88

が得られた。

近世後期から考察する。江戸語資料において禁止表現はナラヌ・ナラナイ、イカヌ・イカナイ・イケナイの五形式が用いられる。これは否定の助動詞ヌとナイによるもので、上方語的要素のヌが長く使用された結果である。注6 近世後期においては上方語同様、ナラヌ・ナラナイ類が多用され、中心形式であることがわかる。ところが、イカヌ・イカナイ・イケナイ類は時期が下るにつれ出現数も増え、特に人情本ではナラナイとイケナイは拮抗するようになり、この点が上方語と異なる。なお、洒落本ではイケナイが用いられ、滑稽本ではイカナイが、人情本では再びイケナイが優勢となる。以下、用例をあげる。

○イヤ〱、しまつてはならぬ〱
（『傾城買四十八手』客→四〇五頁）

○跡から這入《へゐる》事《こと》がならぬ。
（『浮世風呂』世話やきのぢいさま→うた三五頁）

○ヲツト〱迎ひに行者《いきて》おほぜい有だ。一人先駆高名などヽ、その抜掛はならぬ〱
（『春色辰巳園』三→ 三二七頁）

○チヨツやかましい。そんならお弁当にしてやるから、お菜好《かずこのみ》はならないよ
（『浮世風呂』辰→娘 八八頁）

○鼻高さまだの。強事《おしこと》はならねへぜ。
（『浮世床』三三七頁）

○諸方《ほう〲》へ顔出しもならねへと思ふ程残念だから、トいつておまへだつても、私がこんなにしたから切れたといはれちやア、なるほど男も立つまいから、まるできれておくれとはいはないよ。
（『春色辰巳園』米八→ 三六八頁）

○イヱモウいかやうにおつしやつても二階へお腰の物はなりませぬ。

（『浮世風呂』 銭右右衛門→ 三四三頁）

○八百屋だらうが、前栽売《せんぜへうり》だらうが、おめへにつかまつてはいかねへ。

（『浮世風呂』 番頭→ 二六八頁）

○この作者はおらア嫌らひだなんぞといはれるから、なんでも愛敬がなくツてはいけません

（『春色辰巳園』 三七六頁）

先述した洒落本・人情本にイケナイが多く、滑稽本にイカナイが多用されたのは、位相差とも考えられる。それは庶民を描く滑稽本ではイカナイが用いられ、遊里の世界を描く洒落本・人情本ではイケナイが用いられたということだろうか。しかし、洒落本はわずか一例であり、イカナイ∨イケナイと変化しているため、時期的に滑稽本の後の人情本でイケナイが多用されたとも考えられる。この点は資料を増やし、補っていく。

さて、人情本と明治期の小説をつなぐ資料として洋学資料を取りあげる。洋学資料における禁止表現ではナラナイは用いられないが、ナラヌ、イカン・イカナイ・イケナイがある。用例数は表4に示す。

○ Ye-do Ni-ho-n ba-shi ka-ra ji-u ri yo no-o ka-ri wo sz-ru ko-to na-ra-nu.

（『COLLOQUIAL JAPANESE』 四〇七 常体）

○ Hoka e itte shabetcha ikanai.

（『会話篇』 EXERCISEIX・一六）

○ Awaa kutte hinomi kara okkochiru to ikenai zo.

（『会話篇』 XII・八）

〈表4：洋学資料〉

		ナラヌ	ナラナイ	イカン	イカナイ	イケナイ
COLLOQUIAL JAPANESE（文久3年）	敬体					
	常体	3				
日用日本語対話集（文久3年）						1
会話篇（明治6年）		2			3	4
合　　計		5			3	5

○Buttsuke ni sonna koto wa ii-kakeru to ikemasen.（『会話篇』IX・四〇）

出現数は少ないが、洋学資料においてもナラヌからイカナイ・イケナイへと変化している様子がうかがえる。今回調査した洋学資料は、外国人のための江戸語・東京語の手引書として書かれたもので、会話文の用例が豊富である。また、その作成にあたっては江戸在住の武家・知識人階層が関わっており、幕末期の江戸語・東京語を反映した資料といえる。[注7] そのため、ナラナイより改まった上方語的要素であるナラヌが好まれたと解される。それが明治に入り、否定の助動詞ナイが広く上層にも普及したため、イカヌが定着せず、イカナイ・イケナイへと変化したのであろう。このヌからナイへと変化する傾向は、先の表3と重なる。なお、『会話篇』での用例からはイカナイ・イケナイにおいて位相差は認められない。

では、つづく東京語はどうであろうか。

江戸語ではイカナイ・イケナイの両形式が用いられたが、前期以降イカナイは衰退し、イケナイにまとめられる。以下、用例を示す。

○仕合せにお前さんの様ナ人と同檻になつて、時々差入れ物を少しづゝでも分けて貰ふのが何より有難いが、牛肉や玉子に鹽を付けて食ふとすると、監守が見付けて歯を磨く爲めに渡してあるのだから、食ふ事ハなら

ぬ、と云つて叱るから仕方がない。　（『雪中梅』一三〇頁）
○あゝ仲が好のは仕合はせなやうなものゝ、兩方とも若い者同志だからさうでもない、心得違ひが有ツてはならぬからお前が始終看張ツてゐなくてツてはなりませぬぜ。　（『浮雲』孫兵衛→お政　六二頁）
○其の頃こそ「魔風戀風」や「金色夜叉」などを讀んではならんとの規定も出て居たが、・・・　（『蒲團』四四頁）
○ヤレ内へ使《つかひ》を越ことハならないの人の前で此身の噂さもするはならぬのと・・・　（『春雨文庫』三一七頁）
○何時までも其様《そんな》に小供《こども》の様な心持でゐちやアなりませんと・・・　（『浮雲』七二頁）
○お父さんハアノ御氣象で、當世の女ハ昔し風でハ行かぬ、琴や三味線ハ大抵で善いから、十分に學問をさせるとお言ひだから・・・　（『雪中梅』老母→お春一一五頁）
○それではいかん。さう反抗的に言つたつて爲方がない。　（『蒲團』竹中→田中　六七頁）
○さう瘠《や》せてちやいかん。身躰《からだ》が資本だから　（『野分』七二二頁）
○それじやア從來の弊を追ツて遊ばせておいちやアいけねへヨ　（『安愚楽鍋』一六四頁）
○叔母さん〳〵、お勢さんを放飼はいけないよ。　（『浮雲』文三→叔母　二〇〇頁）
○御兄《おあにい》さんは何でもまた金にしやうと思つて遣つて來たに違ひないから、用心しなくつちや不可《いけな》いつて云つて居らつしやいましたよ　（『道草』妻→建三　三四二頁）

○あんまり御父《おとう》さんを苛《いぢ》めちゃいけませんよ　（『野分』七二八頁）

右記のように、ナラヌ・ナラナイは年代が下るにつれ減少し、イカヌ（イカン）・イケナイへと変化すると指摘できる。なお、ＧＡＪに広く分布しているダメはまだ文献資料には現れない。

関西語では明治以降、ナラヌ類は消滅するのに対し、東京語では長く保持されている点が大きく異なる。ただし、ナラヌ・ナラナイ、イケナイへの変化の傾向は、同様である。

第四節　当為表現との比較

本節では、禁止表現と当為表現後項部を比較し、差異を検証する。前節同様、上方語・関西語、江戸語・東京語の順に行う。

一　上方語・関西語

表6に上方語の禁止表現および当為表現の用例数を示す。形式別に作品中の当為表現の出現数を示し、併記した括弧の数が禁止表現の用例数をあらわす。たとえば、表5の『秘事真告』のナラヌの場合、当為表現が一例、禁止表現も一例出現したということをさす。

上方語における当為表現は、ナラヌ類が多用され、ナルマイ、ナリマセヌが少数ある。しかし、イカヌ・イケヌ・アカヌはまだみられない。これに対し禁止表現は、ナラヌ類が中心形式ではあるものの、

〈表5：上方語〉

	ナラヌ（ナラン・ナン）	ナルマイ	ナリマセヌ（ナリマセン）	イカヌ（ユカヌ）	イキマセン（ユキマセン）	イケヌ	アカヌ（アカン）
開学小筌	(5)						
穿当珍話							
聖遊廓	(1)						
浪花色八卦							
秘事真告	1(1)						
遊客年々考	1(2)						
陽台遺編			(1)				
肉道秘鍵							
正夢後悔玉	1						
感跖酔裏	1		(1)				
原柳巷花語	(4)		(1)				
月花余情	1(2)						
異本郭中奇譚	4(1)						
風流睟談議	1			(2)	(1)		
無論里問答	1(1)					(1)	
粋宇瑠璃	1(1)						
粋の源	1					(2)	
北華通情	(1)		(1)				
塩梅加減粋庖丁	2(1)		1				
來芝一代記	1			(1)			
十界和尚話	2(1)	(1)					
身体山吹色	9(5)	2					
南遊記	7(1)						(1)
当世嘘之川	3(1)	1	(1)				
当世廓中掃除	2(2)						
当世粋の曙	(2)						
深色狭睡夢	1(2)			(3)	(2)		
北川蜆殻	6						
興斗月	2						
風俗三国士	1	1		(1)			
合　計	49(29)	4(1)	1(5)	(8)	(3)	(3)	(1)
	53 (35)			(11)		(3)	(1)

＊（　）内の数字が前掲の禁止表現の用例数。

〈表6：関西語〉

	ナラヌ(ン)	ナン	ナリマセン	イカン	イケマセン	アカン
馬小屋					(1)	
盲の提灯						
天神咄						
魚売り						
亀屋左兵衛	1					
蛸の手	1					
きらいきらい坊主						
煙管返し						
後へ心がつかぬ				(1)		
一枚起請						
いらちの愛宕参り						
魚尽し						
筍手討						
平の蔭		1			1	
いびき車						(1)
芋の地獄						
日と月の下界旅行						
動物博覧会						
絵手紙	1					
近江八景						
たん医者						
近日息子			1			
鋲盗人						
恵比須小判						
倹約の極意			1			
芝居の小噺						
さとり坊主						
日和違い	2			(2)		
電話の散財				(1)		
長屋議会	1		1	1		
理屈あんま	1				(1)	(1)
やいと丁稚				(3)		
浮世床	1					
合　　計	8	1	3	1(7)	1(2)	(2)

イカヌ・イケヌ・アカヌも使用され、形式が豊富である。[注8] では、関西語はどうか。表6に示す。

関西語ではこの傾向が顕著となる。当為表現は上方語同様、ナラヌ類が中心形式であり、イカン・イケマセンは各一例と依然ナル系が優勢である。ところが、禁止表現ではナラヌ類は皆無であり、イカン・イケマセン・アカンが使用される。つまり、当為表現ではナラヌ類、禁止表現はイカン・アカン類というすみ分けがなされていたと目されるのである。その後、時期が下り、ＧＡＪ第二〇七図の当為表現ではイカン・アカンが中心形式となる様子が示される。今後、この間の様子を文献で補い、ＧＡＪとの照合を行う。

二　江戸語・東京語

前項同様、江戸語・東京語を考察する。表7に江戸語・東京語の使用数を、表8に洋学資料の結果を示す。

表8の江戸語は、洒落本・滑稽本では当為表現、禁止表現ともにナラヌ・ナラナイが多用され、イカナイ・イケナイは少数である。滑稽本の禁止表現においてイカナイは六例、当為表現はわずか一例である。洒落本では当為表現にもイカナイが一例みえる。以下、江戸語の当為表現イカナイ・イケナイの用例を示す。

○よつぽど骨をおらねエじやアいかねへ　（『狂言雑話五大力』一七二頁）

〈表7：江戸語・東京語〉

作　品	ナラヌ	ナラナイ	ナルマイ	イカヌ	イカナイ	イケナイ	ダメ
甲駅新話		1(1)					
古契三娼		(1)					
通言総籬							
傾城買四十八手	3(2)		1			(1)	
傾城買二筋道	1(1)	1					
品川楊枝	3						
狂言雑話五大力	1	4	1		1		
滑稽吉原談語	1	2	1				
小　計	9(3)	8(2)	3		1	(1)	
浮世風呂	7(5)	4(3)	1		(2)		
浮世床	4(3)	3(4)	1		1(4)	(1)	
潮来婦誌	2(1)	2(1)					
小　計	13(9)	9(8)	2		1(6)	(1)	
春色梅児誉美	2(2)	3(3)	2				
春色辰巳園	1(3)	14(4)	4			(5)	
春告鳥	1(1)	10(4)	2		(1)	2(4)	
小　計	4(6)	27(11)	8		(1)	2(9)	
西洋道中膝栗毛	1	7(1)	2	(1)		(20)	
安愚楽鍋	4(1)	1				(3)	
胡瓜遣						(1)	
春雨文庫	7(3)	9(1)	2		(1)	1(3)	
雪中梅	16(6)		9	(2)		(4)	
浮雲	9(3)	6(2)	1	(7)		(3)	
小　計	37(13)	23(4)	14	(10)	(1)	1(34)	
舞姫							
文づかひ							
変目伝		2		1		(4)	
たけくらべ	(2)	(3)				(1)	
金色夜叉	26	4(2)	1	2(23)		3(7)	
半日		3(1)	1			(3)	
重右衛の最後	(2)	1					
琴のそら音	1(1)			4			
坊ちゃん	5			(4)		4	
二百十日	1	3				4(10)	
蒲團	6(2)		1	3(2)		1	
野分	36(3)	8	2	(2)		7(11)	3
小　計	75(10)	21(6)	5	10(31)		19(36)	3
或る朝							
清兵衛と瓢箪							
道草		12(2)				4(7)	
城の崎にて							
小　計		12(2)				4(7)	
合　計	138(41)	100(33)	32	10(41)	2(8)	26(88)	3

〈表8：洋学資料〉

	ナラヌ	ナラナイ	ナルマイ	イカン	イカナイ	イケナイ
COLLOQUIAL JAPANESE 敬体						
COLLOQUIAL JAPANESE 常体	(3)					
日用日本語対話集						(1)
会話篇	7(2)	7	1		(3)	1(4)
合計	7(5)	7	1		(3)	1(5)

○おれが端棒で付て見せねへぢやアいかねへはさ。（『浮世床』二七六頁）

○肝心の梅里さんの気がそれた日にやア、いよ〳〵私の恥だから、是非直にしなくつてはいけないから（『春告鳥』五四五頁）

しかし、人情本では当為表現は依然ナラナイが中心形式であるのに対し、禁止表現はナラナイとイケナイが拮抗し、イケナイの台頭する様子がうかがえる。この様子は洋学資料も同様である。当為表現の用例は『会話篇』のみであるが、ナラヌ・ナラナイに集中し、イケナイは一例のみである。対して禁止表現は、イカン・イカナイ・イケナイが多い。

では、東京語はどうか。当為表現は、明治・大正全期においてナラヌ・ナラナイが中心形式である。中期からイカヌ・イケナイの使用が増加するが、ナラヌ・ナラナイの比ではない。また、禁止表現にはない新形式ダメも三例ある（用例はすべて『野分』）。

○追々新陳代謝してくるんだから、何でも氣を永くして尻を据ゑてかゝらなくつちや、駄目だ。（高柳→中野　六五六頁）

○で、そりや早くしなくつちや駄目だ。（細君→道也先生（夫）六七九頁）

対する禁止表現は、ナラヌ・ナラナイも使用されるが、前期からイカヌ・イケナイへと推移し、イケナイが中心形式となる。ゆえに、同じ禁止を意味する表現ではあるが、当為表現はナラヌ・ナラナイ、禁止表現はイカン・イケナイという使用区別があったと推測できる。換言すれば、禁止表現は中心形式であるイカン・イケナイを、当為表現は古態的なナラン・ナラナイを保持しているということである。禁止表現が「イカン・イケナイ」が一語であるのに対し、当為表現は「~ナケレバナラン/~ナケレバナラナイ」と長く、成句的性格が強いため、ナラヌ・ナラナイが保持されたのではないだろうか。

ところで、ナラヌ・イカヌは上方から伝播し、関東土着の否定の助動詞ナイのナラナイ・イカナイ・イケナイとなったのだろうか。田中(一九六七)は『浮世風呂』の「シタガ何事も気長うせにやゆかぬはい。コレ見やんせ」(傍線は筆者による)の上方語話者の例をあげ、「これは上方者のことばであり、江戸語には、まず、なかつたと言つてよい」と述べている。[注9] さらに田中(一九六九)では「明治以降の東京語の当為表現を、近世江戸語のそれと比較した場合、もっとも目立つ違いは、江戸語には、まったくみられない「ナケレバイカン」「ナケレバイケナイ」「ナクテハイケナイ」等、後部分「イク系」の表現が現われてくる点である。」と考察している。しかし管見によれば、洒落本『五大力』、滑稽本『浮世床』、人情本『春告鳥』に江戸語話者のイク系使用を確認しており、近世後期に既にイク系が江戸で使用されていたと考える。たしかに、GAJの分布を概観すると、関西から分布したという周圏分布と解することもできる。しかし、文献において江戸語に後項部イケナイの例もあり、関西からの伝播というよりは、類似の発想のもと、独自に形成したとも考えられるのである。これは禁止表現イケナイの使用も証左となろう。今後この点を解明したい。

本章のまとめ

以上、近世後期の二大中央語における禁止表現について、当為表現と比較しながらその特徴をみてきた。その結果をまとめると、次のような事柄が指摘できる。

○近世後期の上方語はナラヌ、江戸語はナラナイが中心形式である。しかし、明治以降、関西語ではナラヌは衰退し、イカン・アカンへとその形式は変化する。東京語では、関西語に比べナラナイが長く用いられるが、イケナイへと変化する傾向は一致する。

○当為表現と比較すると、当為表現は上方語・関西語、江戸語・東京語ともにナラヌ・ナラナイが中心形式であり、イカン・イケナイへの変化は禁止表現に比べ遅い。

本章は用例が稀少であるが、当為表現との比較により、禁止表現の方が新形式への変化が早いのに対し、当為表現は古態的様相を保持する傾向が認められた。また、上方語・関西語が江戸語・東京語よりナランからイカンへの変化が早く行われることも確認した。このように二表現を比較することにより表現間の差異、特徴がより明確になり、かつ東西比較をすることでそれが一層明らかになり、有用と考える。

また、上方語・関西語で用いられるアカン類は関東地方には伝播せず、ダメが登場する。この点はGAJの分布とも通いあい、関東はダメ・イケナイが、関西はイカン・アカンが長く使用されることも明らかとなった。今後、今日的な方言の模様が俯瞰できるＧＡＪとの比較・対照を行い、文献資料（中央語）では不足している歴史を推察していきたい。

注

1　坂梨（一九九五）ではイケナイの意味変化を詳述している。

2　禁止表現形式のナラヌ・ナラナイ、イカン・イケナイは禁止以外の意味も存する。

○アレサ、おめへはどうもまけねへ氣だからならねへ（『春色辰巳園』お春↓　二七八頁）

○御酒を給るとどうもいけません。（『甲駅新話』八七頁）

のように「良くない・悪い」という意。また、「不可能」の意味の

○うぬらは皆天窓をつかめへられてゐるから、骸を動かす事もならねへ（『浮世床』丁稚↓　三〇六頁）

その他、「仕方がない」の意の

○ナニあれでも、おいらの母人は、時々いろ〳〵な氣になつてならねへはな（『春色辰巳園』仇吉↓二七八頁）

等がある。本章は、当為表現「〜ネバナラヌ」が禁止の意味から派生し、義務に転じた用法との比較を目的としている。禁止・義務はいずれも話者・聞き手に強く働きかける用法という点で共通している。そのため、禁止および義務以外の用法は調査対象から外す。

3　ＧＡＪで秋田に分布しているヤチカン類の語源は「埒いかない」に由来すると「解説書」にある。さら

に、秋田県教育委員会編（二〇〇〇）『秋田のことば』（無明舎出版）に「失敗する」という意味で「やちかんする」という語形があがっており（四八五頁）、興味深い。

4 アカンの出自は「埒あかん」の「らち」が省略された形と解釈されている。本来の意は「決着がつかない、事態が進展しない」であるが、次第に

○それでもおめへのお飯《まんま》は埒が明かねへものを　（『浮世風呂』おさみ→おばち八四頁）

のように「良くない」という意に変化し、その後禁止用法へと拡大していく。

5 当時起こった言文一致運動を考慮し、東京語は三期に分類する。前期（明治元年～二〇年）、中期（二一年～四〇年）、後期（四一年～）とする。

6 江戸語における否定の助動詞ヌ・ナイの使い分け、位相に関しては第一章に述べた。

7 松村（一九七〇）参照。

8 洒落本のみでは資料性が偏ると思い、滑稽本、俄類を調査したところ、滑稽本・俄類は、洒落本より少なく、ナラン、ナルマイのみでイカン類はみえない。

○ソリャどちらみち払はんならんよつて四匁ぐらいの金ハ今持て居るよつて

（「滑」『穴さがし心の内そと』重介（下男）→竹　二ノ十一）

○さめた是から餅をつかんならんがナァ　（「俄」『俄藁ぶくろ』十四ウ）

『穴さがし心の内そと』は前田勇氏翻刻（『近代語研究』第四集（武蔵野書院）所収）を利用した。『俄藁ぶくろ』は都立中央図書館蔵、『俄じまん』『風流似和歌狂言』は都立日々や図書館蔵、『ことわざ臍の宿かへ』は蓬左文庫蔵（尾崎コレクション）を使用した。判読は筆者による。なお『ことわざ臍の宿か

へ』『俄藁ぶくろ』『風流似和歌狂言』は刊年不詳である。ただし、『ことわざ臍の宿かへ』『俄藁ぶくろ』の作者は一荷堂半水であり、『穴さがし心の内そと』と同作者である。前田氏の解説によると、半水は編ごとに題簽を変える癖があり、このことを鑑みても両作品は『穴さがし心の内そと』とほぼ同時期（元治前後）の作と推測される。

後項部	ナラン			ナルマイ
前項部	ネバ	ニャ	ン	ズバ
穴さがし心の内そと（元治前後）		4	4	
ことわざ臍の宿かへ		2	7	
俄じまん（弘化５年）	2			
俄藁ぶくろ（不詳）			1	
風流似和歌狂言（不詳）	3			2

9　田中（一九六七）一一一～一一二頁、および田中（二〇〇一）六九三～六九四頁にも同内容の記載がある。

第四章　近世期尾張地方における当為表現

はじめに

本章は、尾張地方を舞台にした洒落本における当為表現の実態を検証するものである。

序章の研究史でも述べたが、当為表現をはじめとする近世語の研究は、主として前期は上方語、後期になると江戸語も加わった東西二大中央語について行われている。これらの中央語は、それぞれの地域と時代を代表するものとして重要であり、日本語史の本流をなしている点で意義が大きい。

しかし、周辺には多くの方言が存在している。筆者は、日本語史を研究するにあたり、主要な中央語と周辺にある諸方言とが地理的・文化的にどのように影響しあって各時代の言語状況を築いていたのか、そしてどう歴史的に展開してきたのかを明らかにしたいと考えている。手がかりとなる資料には限界があり、またその資料も中央語のものが多いこと等解明できる地域は限られているが、試みたいと思う。

このような考えから、本章では尾張方言で書かれた洒落本を用い、二大中央語の模様と比較し、考察を行う。さらに、今日的な方言の模様が俯瞰できる『方言文法全国地図』（以下、ＧＡＪ）とも比較対照し、標記の問題に迫ることにする。言語地図と文献とを一概に結びつけることは問題があるが、両者の比較により各資料の欠点を補うことができ、有効な方法であると考えられる。

第一節　調査資料

近世期前後の尾張を含めた東海地方における言語事象の研究については、彦坂（一九九七）に総合的な研究があり、本章はこの書をふまえたところが多い。それは、資料においても同様である。

本章の調査資料は、いずれも筆者は名古屋人かそれに類する者であり、庶民を描く洒落本と、遊里を描く洒落本の二種類を取りあげる。これにより、いくらか位相的な考察が可能になると考える。[注1] 調査資料は以下のとおり（資料名、年代、作者、体裁・翻刻本の順に記す）。

〈庶民を描く洒落本〉

春秋洒士伝	寛政五年	椒田楽	写本
囲多好髷	寛政一二年	爰乎翁斎	洒落本大成一八巻
女楽巻	寛政一二年か	料理蝶斉	洒落本大成一八巻
新織儛意鈔	寛政一三年	椒田楽	洒落本大成二〇巻
通妓洒見穿	文化一〇年	南瓜蔦人	洒落本大成補巻
春遊南訶一夢	文化一〇年か	五面斉真平	洒落本大成補巻

〈遊里を描く洒落本〉

軽世界四十八手	寛政一二年	有雅亭光他	洒落本大成一八巻

指南車　享和二年　石橋庵真酔　洒落本大成二二巻
駅客娼穿　文化一年　模釈舎　洒落本大成二三巻
蓬駅妓談　文化二年　作者不明　洒落本大成二三巻
南駅夜光之珠　文化四年　彙斎主人（石橋庵真酔）洒落本大成二四巻
夢中角庵戯言　文政二年　雲照庵宝山　洒落本大成補巻

また雑俳は、京都から伊勢を経て入ってきた短詩型文芸であり、近世中頃にはこの地方で「狂俳」という呼称で盛んになった文芸である。句は俳句の上五にあたる部分を題とし、主に七・五または五・七等残り十二音で付句しているものが多い。短詩型の形態をとっているが、庶民の生活に即した日常的な口頭語をまじえたものも多々見受けられる。このように雑俳は、洒落本という写実性に優れた資料とは異なる位相にあり、形態等問題も多いが、考慮して考えていく。

〈雑俳資料〉注2

さいこく舩（元禄一五年）、俳諧三吉野五千句集（寛延二年）、鸚鵡かへし（文政五年）、佐久良多比（文政六年）、俳風佐久良たひ二編（文政七年）、鹿の声（文政一二年）、神事行燈初編（文政一二年）、神事行燈二編（天保）、神事行燈三編（天保）、神事行燈四編（天保一三年）、神事行燈五編（弘化四年）、をたまき集（天保前）、指使篇（天保）、都のみやひを（天保四年）、狂俳冠句太箸集初編（天保六年）、狂俳冠句太はし集二編（天保七年）、狂俳冠句太はし集三編（天保八年）、狂俳冠句太はし集四編（天保九年）、狂俳冠句太はし集五編（天保一〇年）、続太はし集（天保一二年）、狂俳海陸集（天

保七年)、狂俳冠句選集楽(天保八年)、選句鈔(天保一〇年)、狂俳玉箒初編(天保一一年)、角力十評(天保一二年)、雪見草(天保一三年)、潮乃花(天保一四年)、雑体句集(天保一四年)、晩湖居士追福狂俳萬句集(天保一五年)、鐵熊手(弘化三年)、浮草集初編(嘉永二年)、多満かしは初編全(嘉永二年)、多満かしは四編(安政二年)、多満かしは五編(安政四年)、多満かしは六編(安政六年)、多満かしは七編(安政中)、苗代集初編(安政四年)、苗代集二編(安政五年)、とかへり集初編(安政五年)、狂俳風見草(安政六年)、狂俳久禮多氣集初編(安政六年)、冠句清菊集(文久二年)、花の魁(元治慶応期)、千代見具佐初編(慶応二年)、眠りざまし(明治一二年)

右記の資料は、資料数において不十分であるが、江戸・上方以外の様子を記述する機会と考え、ひとまず試みる。

次節では、当為表現および後項部に密接に関わる禁止表現の様子を概観する。

第二節　当為表現の様子

一　洒落本の場合

尾張地方を描いた洒落本における当為表現の形式をまとめると、表1のようになる。また、表2に前項部別の使用数を記した。空欄はゼロである。

〈表1：洒落本　当為表現〉

	形式 / 作品	ナラマイ・ナルマイ			ナラズ・ナラン（ヌ）				ナリマセン		スマヌ	ナラネヘ	小計
		ニャ	ン	ナ	ネバ	ニャ	ン	ナ	ネバ	ニャ	ナンセント	ニャ	
庶民	春秋洒士伝（寛政5年）	1				1							2
庶民	囲多好髷（寛政12年）				1								1
庶民	女楽巻（寛政12年か）												
庶民	新織儛意鈔（寛政13年）		1					1					2
庶民	通妓洒見穿（文化10年）												
庶民	春遊南訶一夢（文化10年か）					1							1
庶民	小　計	2			4								6
遊里	軽世界四十八手（寛政12年）					1	1					1※1	3
遊里	指南車（享和2年）												
遊里	駅客娼穿（文化1年）				1		1						2
遊里	蓬駅妓談（文化2年）					1					1		2
遊里	南駅夜光之珠（文化4年）				1		1						2
遊里	夢中角庵戯言（文政2年）			1		2			1	1			5
遊里	小　計	1			9				2		1	1	13

※1:江戸で居候したことのある算蔵の発話

〈表2：尾張方言資料　前項別用例数〉

	ネバ	ニャ	ナ	ン	ナンセント
春秋洒士伝		2			
囲多好髷	1				
女楽巻					
新織儛意鈔			1	1	
通妓洒見穿					
春遊南訶一夢		1			
軽世界四十八手		2		1	
指南車					
駅客娼穿	1			1	
蓬駅妓談		1			1
南駅夜光之珠	1			1	
夢中角庵戯言	1	3	1		

表1によれば、後項部は六形式、ナルマイ（ナラマイ）、ナラズ・ナラン（ヌ）、ナリマセン、イカン、スマヌ、ナラネへである。このうち『軽世界四十八手』にみえるナラネへは江戸に居候をしたことのある算蔵の発話であり、江戸語の影響と目されるため、ここでは触れない。

○イヤサないのに一はいのまにやならねへのまねばかふ　（算蔵→おきさ　三五六頁）

まずは、用例をみてみよう。

○たつた一文の銭を貰ふにさへあのやうにせねばならぬものを親父が心をくだいて儲けられし金銭をおしげもなふつかひ捨・・・　（『南駅夜光之珠』鳥朝→折枝　二九六頁）

○またおれがでにやならまい　（『春秋洒子伝』千蔵→虎・竹・万　一六五頁）

○ハイ何か出さんならまい　（『新織儛意鈔』おゆり→小きん・お袋　二四六頁）

○時に二れうからかうと駄竜がどこへもいかねばならず夫から・・・　（『囲多好髷』隠居→お東　三〇六頁）

○是からトやりくりおして上田の着物も羽織も出さにやならぬ　（『蓬駅妓談』七兵へ→お梅　一七五頁）

○此間はまいがひつたものはやるがわきないかん　（『新織儛意鈔』現兵へ→仁九郎　二四二頁）

ここでは、後項部ナルマイは前項ニャ・ンと結ばれている。江戸語ではナルマイは、先行研究によると前項部はズバと強い呼応関係で結ばれていたのが[注3]、明治以降はこの呼応現象が崩れると指摘されている。[注4]また、上方語資料においてもザ（ズバ）・ネバ・ニャが使用されており、ズバが衰退し、ネバ・ニャに変化していく様子が示された。尾張地方も上方と同様の傾向であるといえよう。換言すれば、江戸語は呼応関係が守られていたのに対し、上方語および尾張方言ではそれが崩れ、江戸語に比べ変化の早いことが指摘できる。

つづいて、ナラズ・ナラン（ヌ）をみる。これらは前項部にネバ・ニャ・ン・ナと多様な形式が得られた。上方語ではネバがもっとも多く、ついでニャ、ンの順にあり、ナはまだみえない。[注5] ナはニャから変化してできたと考えられるが、[注6] しかし上方より早く変化したとは考えにくい。それは現代の分布からも明らかである。ＧＡＪの当為表現の分布をみると、近畿地方にン類の併用形式としてナがみられるのに対し、東海地方ではニャー類が広く分布し、ナ類は狭い。このため、ナは上方より伝播したと考えられるのである。

そしてイカンが一例みえる。上方語においてはイカンが明治末・大正期に確かめられ、また同類事項のイケナイは江戸語資料にある。前項部ナ同様、上方語に遅く出現する形式であるのに尾張方言に現れたのはなぜであろうか。この点は不明である。

次に位相差を考える。彦坂（一九九七）によると、原因・理由表現では遊里を描く洒落本において客との会話ではニヨッテ・サカイが使用され、若干改まりや気取りが感じられるのに対し、遊女同士ではデ・ニが使用される等、位相的な性格の強いことが指摘されている。[注7]

ところが、当為表現の用例をみると、庶民を描く洒落本と遊里を描いたものにおいて明確な違いは認められない。しいてあげるとするならば、前項部において遊里を描く洒落本でネバが使用されるのに対し、庶民を描く洒落本ではニャ・ナが多い点であろうか。以下の用例は、同一話者が同じ聞き手に対して発したものである（『夢中角庵戯言』の用例）。

○ほかでもないがけふ麝香を一斤うりつけねばなりません（勘七→こう山　四五一頁）

○一斤三十両でうらにやなりませんがおまへさんでやでこうつと二十八両にしておきませう（勘七→こう山　四五一頁）

右二例をみると、後項部に敬体ナリマセンを使用しており、相手に敬意を示しているのがわかる。[注8]ところが、はじめの用例は、絶対的に香を売らなければいけない旨を述べているのに対し、二例目は香を売る算段として聞き手めあてに発したものであり、ニュアンスが異なる。つまり、ネバに比べニャを使うことにより話者と聞き手の距離を近づけ（縮め）、直截的な表現を婉曲にしていると考えられる。このように、遊里を描く洒落本では、話者と聞き手の関係性が重要であり、ネバとニャの使い分けが如実に現れたと推測されるのである。

次に、前項部ンとナをみる。庶民を描く洒落本にはナが二例、ンが一例であるのに対し、遊里を描いた作品にはナが一例、ンが三例認められた。先述のとおり、ナはネバ＞ニャ＞ナ＞ンと変化したと思われ、その意味はニャと等価なものであるといえる。実際に用例を比べてみる。

○おきさサおまいいつておくれわたしや店座敷へいかにやならん（『軽世界四十八手』下女お京→下女おきさ　三五五頁）

○ソリヤ平田のそんでや足してやらにやならん先生御くらう

○わしやこちの口をしもふと小きんさんのいせうつけなならぬさあな

（『春遊南訶一夢』権之介→七太郎　四二二頁）

○やほんに此間竹熊の嘉吉と駒が反魂香をしぐむにおれに手を付てくりよと頼んだていつていやらんならん

（『新織儛意鈔』容止→お袋・梅　二四四頁）

○またおれがでにやならまい

（『軽世界四十八手』作治→正清　三五三頁）

○ヤアいなじさんかおきなならまい

（『春秋洒子伝』千蔵→虎・竹・万　一六五頁）

○ハイ何か出さんならまい

（『夢中角庵戯言』勘七→いなじ　四五三頁）

（『新織儛意鈔』おゆり→小きん・お袋　二四六頁）

さいしょの例は、下女から同輩の下女への発話であり、ニャが用いられている。次のニャの例の話者は中流もしくは上層の町人で聞き手も同層である。一方、ナ・ンの用例では、話者は上層に位置し、聞き手も同類の階層と目され、親しい間柄の会話例である。後項部ナラマイの例では、ニャの話者・聞き手ともに上層あるいは中層であり、ナ・ンと明確な違いはみられない。

これらの用例によれば、ニャは上層から下層の話者に広く用いられるのに対し、ナ・ンは上層話者間に限定されている。

一方、ンは遊里を描く作品に多くみえ、話者は男女の別なく使用されている。湯澤（一九三六）は、上方語ンナランの例をあげ、その出自は不明としながらもンがニャ＞ナ＞ンと変化したとする見通しを述べている。中央語（上方語資料）では、ンは江戸末期にその使用が確かめられ、明治・大正期において中心形式となる様子が示された（ナは萌芽の状態）。先に言及したとおり、後項部イカン同様、ン・ナは上方語より早くに尾張方言で使用されていたのはなぜか明快な理由はわからないが、ナ（na）のaが落ちてン（n）と変化を起こしたという歴史を予測すると、尾張方言でンが用いられたことは齟齬しない[注9]。

二　雑俳の場合

表3は雑俳における当為表現の使用状況をまとめたものである。洒落本に比べるとその形式は限定されている。

後項部はナラヌ・キカヌの二形式であり、このうちナラヌが中心的用法である。また前項部もネバ・ニャ・ンの三形式が見みえるが、ネバ・ンはわずか一例であり、ニャが優勢な点は、洒落本と同様である。以下、用例をあげる（資料名、作者、丁（表・裏）の順に記載）。

○いけもせす　行ねばならぬ夕時雨　（『鹿の声』　尚古　一ウ）

○夫見ない　釈迦に説法もせにやならぬ　（『狂俳久禮多氣集』初編　里月　十二ウ）

○津島の日帰り　はやさにや成らぬ薺《ナツナ》急く　（『多満かしは』五編　実成　十六ウ）

○爰ハ一番　旧陋脱《キウロウダツ》して試《ミ》んならぬ　（『眠りざまし』五編　卜雑　二十オ）

○盆挑灯　寄らせにやきかぬ人に逢　（『潮乃花』　玉亭　三十四オ）

右例をみると、洒落本同様、ネバに比べニャはくだけた、親しみやすいニュアンスであるのがわかる。

〈表3：雑俳　当為表現〉

後項部	ナラヌ			キカヌ
前項部	ネバ	ニャ	ン	ニャ
さいこく舩（元禄15年）				
五千句集（寛延2年）				
鸚鵡かへし（文政5年）				
佐久良多比（文政6年）				
佐久良たひ二編（文政7年）				
鹿の声（文政12年）	1			
神事行燈初編（文政12年）				
神事行燈二編（天保）				
神事行燈三編（天保）				
神事行燈四編（天保13年）				
神事行燈五編（弘化4年）				
をたまき集（天保前）				
指使篇（天保）				
都のみやひを（天保4年）				
太箸集初編（天保6年）		1		
太はし集二編（天保7年）		1		
太はし集三編（天保8年）				1
太はし集四編（天保9年）		1		
太はし集五編（天保10年）				
続太はし集（天保12年）		2		
海陸集（天保7年）				
選集楽（天保8年）				
選句鈔（天保10年）				
玉箒 初編（天保11年）				
角力十評（天保12年）				
雪見草（天保13年）		1		
潮乃花（天保14年）		2		1
雜体句集（天保14年）				
萬句集（天保15年）		1		
鐵熊手（弘化3年）		1		
浮草集初編（嘉永2年）		1		
多満かしは初編全（嘉永2年）				
多満かしは四編（安政2年）				
多満かしは五編（安政4年）		2		
多満かしは六編（安政6年）				
多満かしは七編（安政中期）				
苗代集初編（安政4年）				
苗代集二編（安政5年）				
とりかへ集初編（安政5年）				
風見草（安政6年）				
久禮多氣集初編（安政6年）		1		
清菊集（文久2年）				
花の魁（元治慶応期）				
千代見草（慶応2年）				
眠りざまし（明治12年）			1	

また位相で考えると、雑俳の作者は庶民が多いため、上層話者が使用するン・ナを使用しなかったと考える。注10 一方でナラヌ・キカヌともにンではなくヌ形式が多用されているのは、作句形式が守られ、文語的性格が強いという雑俳の特徴をよく示している。

そして洒落本にはみえなかったキカヌが二例ある。後項にキカヌを用いた例はこの他には上方洒落本に一例みられる。

○顔見せなはらなきかんぜ　（『興斗月』（天保7年）十九オ）

『潮乃花』および『興斗月』の用例はいずれも「寄らねばならぬ」、「顔を見せなければいかん」と解釈できるため、キカヌはナラヌ・イカヌと意味・用法が等価であるといえよう。

以上、全体的にみると、尾張方言における当為表現の様子は以下のようにまとめられる。

前項部は、否定助辞ヌの「未然形＋バ」のズバは既に消滅し、ネバ・ニャ・ン・ナが使用される。このうちネバは、遊里を描く洒落本において話者と聞き手が上流であり、かつ硬い表現を和らげる効果があることがわかった。しかし、一般的には男女ともに広くニャを用い、上層・中層においてはナ・ンも使用する。そして後項部形式は、前項部と異なり、話者の位相は関与しないが、雑俳においてはナラヌ・キカヌがン形式をとらず、ヌ形式を保持している点が明らかになった。

次節では、後項部に関わるところの禁止表現を取りあげる。先述したとおり、当為表現は前項部が否定助辞の条件句、後項部が禁止表現という二表現が複合した表現形態をとっている。禁止表現の一部が当為表現に組み込まれているため、禁止表現との比較が重要となる。

第三節　禁止表現の様子

ここでは、当為表現後項部に密接に関わる禁止表現をみる。形式および使用数全体をまとめると表4のようになる。

表4の見方を『蓬駅妓談』を例に説明する。『蓬駅妓談』では、禁止表現としてナランが使用されている。このうち括弧で示したナランは当為表現での使用である。表中ナランの括弧外一例が禁止表現、括弧内一例が当為表現として使用され、ナラン全体では二例使用していることを表す。

この表より、禁止表現の模様は当為表現とかなり重なることがみてとれる。以下、用例をあげる。

○場の方ニ五両斗りとこちらに七八まい有どふも友達どもの前ハ顔出しがならん
（『女楽巻』八郎→おつま　三四一頁）

○まんだやることはならぬ
（『夢中角庵戯言』おとま→勘七　四六六頁）

○コレいくことはなりません
（『春秋洒子伝』下女→菊二　一四七頁）

○なんでやアつかへでも井戸がへてもそんな古イ平奇山がしやれ本にかくよふな文句でやアいかぬ
（『指南車』片古→おひれ、おぞい　二八二頁）

○おれはどふもいかん
（『軽世界四十八手』和銅（坊主）→女久　三五九「頁）

また今日使用されるアカンは次のように四例認められる。

〈表4：禁止表現（尾張方言）〉

	ナラズ・ナラン（ヌ）	ナリマセン（ヌ）・ナリマセナンダ	イカン（ヌ）
春秋洒士伝	(1)	3	2
囲多好髷	(1)		
女楽巻	1		
新織儛意鈔	(1)		4
通妓洒見穿			
春遊南訶一夢	(1)	1	
合　　計	1（4)	4	6
軽世界四十八手	(2)		
指南車		1	
駅客娼穿	(2)		
蓬駅妓談	1（1)		
南駅夜光之珠	(2)		
夢中角庵戯言	(2)	(2)	
合　　計	1（9)	1（2)	

※（　）内の数字は当為表現の用例数

○そんならあかんカくそ元よしめが

（『春遊南訶一夢』益右ヱ門　四二〇頁）

○ム、是もゆつたとてあかぬ事

（『蓬駅妓談』久治郎→お梅　一七一頁）

アカンの出自は「らちあかん」の「らち」が省略された形と解釈される。洒落本においてもその変化の模様がうかがえる。

○コリヤ元良親王でらちやあかん

（『春遊南訶一夢』角三郎　四二〇頁）

○かねておまへにもはなしておいたとをりこちらの質物を取戻さねば何ごとも埒があかぬ

（『南駅夜光之珠』烏朝→折枝　二九六頁）

○ハイあの子はゐろうはやるで前日からやくそくしておかねばらちやあかんてなもし

（『軽世界四十八手』嗅→和銅　三五九頁）

いずれの例も「決着がつかない、事態が進展しない」という意味・用法であるが、二、三例目は前件に否定の条件句とともに用いられる。調査資料内では認められなかったが、「らちあかん」の「事態が進展しない」という意味が拡大し、「事態が進展しない・決着がつかない→いけない、駄目」と禁止の意味を担うようになったのではなかろうか。そして、現在のように禁止表現・当為表現にも用いられるようになるのであろう。注11

以上のように、当為表現ではナランを中心とした限定された形式であるのに対し、禁止表現ではナランからイカンに変化する様子が示された。また、今日使用されるアカンはまだ禁止用法をもちえず、またその語源と推測される「らちあかん」の「事態が進展しない・決着がつかない」という意味・用法で使用されるにとどまる。次節では今日的な様相を示すGAJと比較し、尾張地方における当為表現の史的様相について考察する。

第四節　GAJとの比較

GAJ二〇六図に前項部（行かなければ）、二〇七図に後項部（ならない）が示されている。尾張地方ではどのような分布状況であろうか。

まず、前項部からみていく。近畿地方は広くン類（行かン）が分布し（ンはこの他山口、福岡、大分にも存す）、ナ類が東は愛知に、西は中国・四国・九州地方に散見される。さらに、ナ類を挟んで東西にニャー類が分布している。愛知西部はナ類が、東部はニャー類である。尾張洒落本ではネバ・ニャ・

ナ・ン・ナンセントがみえ、この結果は上方語資料とも通いあう。このため、洒落本およびGAJの分布よりネバ＞ニャ（ー）＞ナ＞ンという歴史（変化）の様子が推測されるのである。注12

一方、後項部は、近畿・中部・北陸・中国・四国・九州に広くナラン類が分布し、アカンが近畿・愛知、福井に散見される。この他、大阪南部、四国、九州にイカン類が、中国、愛媛にイケン類がある。

尾張洒落本では、ナラン・ナルマイに新形式イカンが登場する様子が示され、さらにアカンが当為表現で使用されるにいたる過程がうかがえた。注13文献の模様はGAJの分布と合致し、ナラン＞イカン＞アカンという変化が推測できる。また、洒落本に一例確かめられたスマンはGAJでは鹿児島に認められ、その関連が気になるところである。これについては、注11にも述べたとおり、当為表現は前項の条件句と後項の禁止表現が成句として用いられるため、禁止の意味合いが弱くなり、かわりに「～しないとワルイ」「～しないとスマン」「～しないとオエナイ」等の多様な形式が生まれたと推測される。そのため、スマンが洒落本で尾張地方に、GAJで鹿児島に認められるのも都からの伝播というよりは、類似の発想のもと各々形成されたと考えられるのである。

このように、文献から得られた様子はGAJにおいても追認でき、形式の推移の概略が見通せたように思う。

本章のまとめ

以上、尾張地方を舞台にした洒落本を資料として、近世後期の当為表現について、国語（中央語）史と比較しながら、その特徴をみてきた。その結果をまとめると、次のような事柄が指摘できる。

○後項部ナルマイは江戸語においては前項部がズバと強い呼応関係にあったが、尾張地方は上方語同様、ズバは消滅し、「已然形＋バ」形式のニャ、新形式のナ・ンを使用する。

○前項部ネバは、遊里を描く洒落本に多くみられる。また、ネバの末尾融合したニャの意味・用法は、ネバと等価なものと考えられるが、ニャを使うことにより話者と聞き手の距離を縮め、直截的な表現を婉曲的にしているとも考えられる。換言すれば、ネバのほうがあらたまりの度合いが高い。

○前項部後項部ともに上方洒落本より先に新形式が使用されている。具体的には、前項部はナ・ン、後項部イカンがそれにあたる。

○ＧＡＪに認められるアカンは、洒落本では確認できなかったが、その語源であろう「らちあかん」の当為的用法がみえる。禁止表現ではアカンが使用される。

本章は、中央語との比較を中心に尾張地方における当為表現の模様を概観してきた。用例が稀少のため評価しにくいが、上方語との比較、傾向を述べる。

近世後期の尾張地方の当為表現は、保守的な上方語に対して前項後項ともに早く新形式が使用される。また、尾張地方では前項部はニャが一般的であったのに対し、上方洒落本ではネバが頻用されている。洒落本という資料性を鑑みても、上方語の影響はたいへん強かったため、上方と比べ進取的表現と分類できようか。ただし、調査資料も少なく、単純に上方語の影響がいつ及んだか、あるいは及ばなかったかとは判断できないが、このような傾向が見出せるのである。調査資料の不足はいかんともしがたく、次章でさらに資料を増やし、検討を行う。

注

1 彦坂（一九九七）によると、庶民を描いた洒落本では資料間の差異があまり大きくなく、今日の方言にも通じる点が多いのに対し、遊里を描く洒落本は資料間においてかなり差異がみられること、また遊女と客の人物像が江戸風である（江戸洒落本の模倣によるため）等、その扱いには注意を要する。

2 『狂俳海陸集』、『晩湖居士追福狂俳萬句集』、『眠りざまし』五編は冨田和子（二〇〇八）『尾張狂俳の研究』所収の翻刻を用いた。それ以外は鈴木忠勝氏による『未刊雑俳資料』による。

3 田中（二〇〇一）六八六―六八七頁。

4 田中（二〇〇一）六九八―六九九頁。

5 後述するように管見のかぎりでは、洒落本『興斗月』（天保七年）にみられるのがさいしょの例である。

○顔見せなはらなきかんぜ（十九オ）

6 否定助辞ヌの已然形ネバが末尾融合し拗音化を起こしニャとなり、さらに nya の y が落ち、ナとなったと推測されるが、矢島（二〇一三）ではニャ＞ン＞ナという変化過程を指摘する。

なお、矢島（二〇〇七）でもナは明治・大正期の資料に認められると言及する。

7 彦坂（一九九七）第二部、四・表現法を参照。

8 対象代名詞に「おまへさん」を用いていることからも、話者が聞き手に敬意を表していることがわかる。

山崎（一九六三）、小島（一九七四）、彦坂（一九九七）第二部、五・待遇表現を参照。

9　ＧＡＪ二〇六図では、愛知西部にナ類、東部にニャー類がみえ、ン類は認められない。そのためン類の出現は、上方語洒落本の影響によるものと考えられる。それは、遊里を描く洒落本に用例が多いことからも裏付けられる。

10　上方語資料では近世末期にすでにンが中心的用法となるため、『眠りざまし』（明治一二年）の頃には尾張地方に伝播・定着したと考える。

11　当為表現は後項部に禁止表現を伴うが、相手の動作を禁止する本来の意味から離れ、「当然〜べきである」という意味になっている。

12　上方洒落本ではナ類に比べン類の使用が目立つ。この状況は明治・大正期の資料においても同様である。

13　ＧＡＪ二〇七図には、愛知県にナランの併用形式としてアカンが確かめられる。

第五章　近世期尾張方言資料における当為表現・禁止表現

はじめに

近世期尾張方言の当為表現について、前章では洒落本・雑俳資料を調査し、中央語との比較を中心に考察を行った。その結果、上方語資料に比べて前項部にン・ナ等の進取的形式が確認できたが、当為表現のみを考察対象としたため、関連する禁止表現との対比が残されている。また、第三章は、江戸語・東京語、上方語・関西語の東西二大中央語における当為表現と禁止表現を比較、対照させた。二大中央語の様子は整理できたが、尾張等の他地域への影響等、全国的な視点での検証が残されている。また、ここでは当為表現・禁止表現のみを考察対象とし、それ以外の関連する意味・用法は除外した。[注1]

そこで本章では、近世期尾張方言における当為表現・禁止表現の考察を試み、前章の欠を補い近世語における両表現の全体像を明らかにすることをめざす。すなわち、今回は語形と意味変化にも焦点をあて、当地の両表現がどのような実態であるかの把握に努める。

さらに、今日的な分布状況との比較、検証には『方言文法全国地図』（以下、GAJ）、『新日本言語地図』（以下、NLJ）との照合が必須である。本章では、両言語地図を参照し、史的動向を視野に入れつつ近世期尾張方言における両表現形式の記述を試みる。

第一節　先行研究

当為表現、禁止表現に関して特定の表現を対象とした先行研究はいくつも存するが、両者を比較して検証するものに矢島（二〇〇七・二〇一〇・二〇一三）、竹村（二〇一六）がある。

矢島（二〇〇七・二〇一〇・二〇一三）は、上方語から現代にかけての大阪語を対象に当為表現を肯定的当為表現、禁止表現を否定的当為表現に大別し、さらに否定的当為表現を他者に何らかの行為を禁じる働きかけをもつ「禁止」と、危惧・後悔・不満を表すものを「非許容」に分類し、以下のように変化を整理する。

肯定的当為表現は、近世後期から昭和期まで一貫してナランが中心であり、平成になるとナランが消滅し、アカンに交替する。イカンは洒落本・滑稽本から数例みえ、明治以降もみえるが、ナランが中心である。それに対し、否定的当為表現は近世後期はナランが中心という点は共通するものの、明治以降はイカン、アカンへと移行する過程が詳述される。ただし、禁止表現においては、前項部に条件句が伴わない用法が散見されるが、氏は除外している。そして竹村（二〇一六）は矢島氏の研究を参考に、上方落語『上方はなし』のナラン系・イカン系・アカン系がどういう実態かを検証している。いずれも京阪語を対照とする。

ところで近世期尾張方言における禁止表現について、芥子川（一九七一）は、「このように「ならぬ

（ん）」でもって禁止を表現する形が生まれているのであるから、後世の「そんなことをしてはあかん」「おこったらあかん」「ねてはいかん」などが、江戸末期にすでに用いられていたと推定されるのであるが、資料中にはその用例が見出せない。（一六九頁）」と述べるが、少数ながらイカン系も認められる。

本章は、矢島（二〇一三）、竹村（二〇一六）を参考に、近世期尾張方言の当為表現・禁止表現に関わる語形の種類と意味変化を含めた実態記述を試みるものである。当為表現の後項部・禁止表現には、「禁止」を表す共通の要素がみられる。次節では拙稿を含む先行研究で取りあげられた語形ナラン・イカン・アカンについて、どのような用法があるかをみていく。調査資料は、写実性に優れた洒落本・滑稽本を用いる。

調査資料は以下のとおり。

〈洒落本〉

『色道三略巻』（宝暦年間）『洒落本大成』四巻／『永代蔵』（宝暦年間）『洒落本大成』四巻／雅笑子（一七七二）『濁里水』『洒落本大成』五巻／指峰亭稚笑（一七七三）『宮郭八景論』『洒落本大成』六巻／増井豹恵（一七九六）『廓の池好』『洒落本大成』一六巻／爰于翁斎（一八〇〇）『囲多好髷』『洒落本大成』一八巻、／塩屋色主（一八〇〇）『女楽巻』『洒落本大成』一八巻／有雅亭光（一八〇〇）『軽世界四十八手』『洒落本大成』一八巻／『駅客娼せん』（一八〇四）『洒落本大成』二三巻／『蓬駅妓談』（一八〇五）『洒落本大成』二三巻／増井山人（一八〇五）『南浜野圃の玉子』『洒落本大成』二三巻／『浮雀遊戯嶋』（一八〇六）『洒落本大成』二三巻／彙斎主人（石橋庵真酔）（一八〇七）

『南駅夜光珠』『洒落本大成』二四巻／南瓜蔓人（一八一三）『通妓洒見穿』『洒落本大成』三〇巻／五面奈斎真平（一八一六）『春遊南訶一夢』『洒落本大成』三〇巻／波の屋真釣（一八一八）『傾城仙家壺』『洒落本大成』二六巻／雲照庵宝山（一八一九）『夢中角菴戯言』『洒落本大成』補巻

〈滑稽本〉

石橋庵真酔（一八一四）『津嶋土産』『文化財叢書』第四四号／石橋庵真酔（一八一六）『滑稽祇薗守』（津嶋土産続編）『文化財叢書』第四四号／近松玉晴堂（近江屋清八）『金乃わらじ追加栗毛尻馬』岸野俊彦編（一九九九）『「膝栗毛」文芸と尾張藩社会』清文堂／南瓜末成（清水治兵衛）（一八四三）『郷中知多栗毛』岸野俊彦編（一九九九）『「膝栗毛」文芸と尾張藩社会』清文堂／自惚主人（未詳）『熱田参り股摺毛　下』岸野俊彦編（一九九九）『「膝栗毛」文芸と尾張藩社会』清文堂

第二節　ナラン・イカン・アカンの様子

本節では、ナラン[注2]・ナラナイ・イカン・イケナイ・アカンが近世尾張方言資料においてどのように出現するかを概観する。

一　ナラン系[注3]

洒落本におけるナラン系（ナラヌ・ナラナイ・ナリマセン・ナルマイを含む）の出現数を表1に示す。

〈表1：ナラン系（洒落本）〉

	不良	当為				禁止		不可能
	φ	ネバ	ニャ	ン	ナ	φ	コト＋ハ・ガ	
色道三略巻（宝暦年間）		1					1	
永代蔵（宝暦年間）		1					1	
濁里水（安永1）		2						
宮郭八景論（安永2）								
廓の池好（寛政8）			1				1	
囲多好髷（寛政12）		1					1	
女楽巻（寛政12）						1		
軽世界四十八手（寛政12）			1	1				
駅客娼せん（文化1）	2			1			1	
蓬駅妓談（文化2）							1	1
南浜野圃の玉子（文化2）		2	1	2				
浮雀遊戯嶋（文化3）		1	1	1				2
南駅夜光珠（文化4）		1		1				
通妓洒見穿（文化10）								
春遊南訶一夢（文化13）			1					
傾城仙家壺（文政1）	1	1	1					
夢中角菴戯言（文政2）	1	1	2		1		2	
合　計	4	26				9		3

〈表2：ナラン系（滑稽本）〉

	不良	当為			禁止			不可能
		ネバ	ニャ	ン	φ	コトハ	テハ	
津嶋土産（文化11）				1		1		1
祇園守（文化13）			2					2
金乃わらじ追加栗毛尻馬（文政10）								
郷中知多栗毛（天保14）		1	1		2	2		
熱田参り股摺毛（未詳）							1	
合　計	0	5			6			3

全例四二例のうち、半数を超える二六例（六二％）が当為表現である。なお、この傾向は上方語・大阪語を対象とした矢島（二〇〇七）、竹村（二〇一六）と一致する。以下、用例をあげる（用例は話し手、聞き手、作品、資料掲載誌頁の順に記す）。

○成ほど御心せきは御尤なからいましばらく申さねはならぬ事がござる

（ヒイキ→『濁里水』三四九頁上）

○わたしや店座敷へいかにやならん（下女お京→下女おきさ『軽世界四十八手』三五五頁上）

○貴公もお亀の洒落を案しるかゑゐ是も一番うかちに行ねはなるまひか

（増井→恥丸『野圃の玉子』一八六頁上）

○ほかでもないがけふ麝香《じやかう》を一斤うりつけねばなりません（勘七→こう山『夢中角菴戯言』四五一頁下）

○ヤアいなじさんかおきなならまい（勘七→いなじ『夢中角菴戯言』四五三頁上）

前項部は、ネバ、ニャ、ン、ナ形式の順に使用数が多い。この点に関しては、他の資料を含め、後述するが、未然形＋バ形のズバはみえない。

次いで多いのが禁止表現で、九例（二一％）である。このうちほとんどが「コトハ（ガ）ナラヌ」形が用いられ、名詞接続形式は一例のみ認められる。

○去なから此度のお屋敷はいかふお堅ふござりまして夜ルはすきと出まする事がなりませぬ

（『色道三略巻』四四頁下）

○爰にやどふあつてもねさす事はならぬ（巴上→お重『廓の池好』三七四頁上）

○場の方ニ五両斗りとこちらに七八まい有どふも友達どもの前い顔出しがならん
（八郎→おつま『女楽巻』三四一頁）

また、「良くない」を意味する「不良」は四例（十％）である。

○そりやなをならんこないだもこちのうちへはよらすにながとやへいてかへりにほんのぎりにはまからよびにいこしたり・・・（中略）
（さんよ→升吉『夢中角菴戯言』四六四頁下）

そして、不可能を表す用例が三例（七％）みえるが、いずれも「堪忍ならぬ」形式であるため、固定化された表現といえよう。

○おれも始終屁をひり合ふといふ中でやから腹立をいふでもないがいれふくろの事はどふもかんにんならぬといふ事サ
（松兵衛→お梅『蓬駅妓談』一六三頁下）

以上のように、ナラン系は話し手自身・聞き手に働きかける禁止の意味・用法が多く、専ら「コトハ（ガ）ナラン」形であることが明らかになった。では滑稽本ではどうか。

表2に滑稽本での様子を示す。全体の用例数は少ないが、滑稽本では、禁止表現、当為表現、不可能の順に使用されており、「良くない」での使用は認められない。禁止表現の条件表現形式は

○よし、其かわりかわるまでハ、ちよつとでも物言ことハならんが、せうちか
（孫太→太郎兵衛『津嶋土産』二二三頁）

○されバ、姫も前かたハたんと有たが、去年から御倹約になつて、飯もりばかりにて、表向きでハならぬとやら聞ました。
（東美濃→弥次郎『郷中知多栗毛』一五五頁）

○お、よひとなりて弥二手ぬくひにてはちまきをして高ちやうし二はなすところへ、立まいのかほやく弐三人きたりて「是はちまきハならんか」としかりつけれハ（略）

（顔役→弥二郎『栗毛尻馬』二六九―二七〇頁）

○先ツ、とつぱじめに、浅草のう観音さまへおまいりもふしたところが、き、なさろ、雷門とやらをおそが〳〵、臍をとられてハなるまいと思ふて、手でしつかと臍の蓋をして、その御門をつ、と這入もふしたら、（略）

（遠方同者→弥二郎『熱田参り股摺毛　下』三〇六頁）

のように、「コトハナラン」形の他に「名詞＋デ＋ハ」、「名詞＋ハ」、さらに条件表現形式「テハ」形もみえる。この「テハ」は次節のイカン類と共起する形式である。

つづいて当為表現をみると、

○先つ此所が三途の川、此川をわたるやいな地ごく道極楽道、娑婆の善罪に随つて、どちらへなりとも行かねハならぬ

（口上『郷中知多栗毛』一四七頁）

○としをいわんならんかな。

（太郎兵衛→卜者『津嶋土産』一四頁下）

○あほうな事をいふ坊主、何でもかでもぬがせにやならん。

（祢宜→太郎兵衛『祇園守』五三頁下）

のように、前項部はネバ、ニャ、ンで、洒落本にみえるナはない。

そして、不可能を表す三例はすべて「了簡（了見）ナラン」であり、洒落本の「堪忍ナラン」同様、語形が固定化されている。

○イヤ商売道具といふ内にも、伏儀神農皇帝を祭り、至て清浄にするものをけがしてハ、了簡ならぬ。

○ヤアおのれハ〳〵、武士のあたまを打おつたな、不届先万了簡ならん。（卜者→太郎兵衛『津嶋土産』一八頁上）

以上、洒落本に比べて用例は少ないが、ナランは「良くない」、不可能と複数の意味を有していたが、話し手・聞き手に働きかける禁止用法（当為表現・禁止表現）に収斂されることが明らかになった。（武士→孫太『祇園守』三三頁上）

二　ナラナイ系

ナラナイ系は『郷中知多栗毛』に三例みられる（「良くない」を表す不良、禁止表現、当為表現の各一例）。

○扨々いめへましい事だ。江戸とは違ひ、弓師の下手ハそれ矢が多くてならねへ（弥治郎→一四九―一五〇頁）

○そりやアいゝが、おいらに射まけたとツてやめるこたアならねへぜ（弥治郎→北八　一四九頁）

○まんざら素面《すめん》でもはじまらねへから、酒もちよつくら持てかじやなるめへ（弥治郎→一一一頁）

すべて江戸者の弥治郎の発話である。江戸者の弥治郎、北八の発話はナイが音訛したり、助詞の融合現象（こと+は）がみえ、「おいらも往べいか（一四四頁）」のようにベイが使用されて一見江戸語らしいが、原因・理由表現に上方由来のニヨッテもみえ、[注4]ワア行四段動詞のウ音便等、[注5]上方語・江戸語が混同している。これは湯浅（二〇一七）にも既に述べたように、尾張戯作資料の江戸語描写の限界と推測される。本章は尾張方言の検証を目的とするため、これ以上言及しない。

三　イカン系

洒落本におけるイカン系の出現数を表3に示す。表に示したとおり、イカン系は「良くない」を表す「不良」がもっとも多く、当為表現・禁止表現は各一例である。以下、用例をみてみよう。

○なんぼふさくらてもかれての花はいかぬ物じやぞへ（ワル口→『濁里水』三四六頁下）

○馬のたいこをうたんとおやまにせりふのないはいかんものさ（増井→馬士『軽世界四十八手』一八七頁下）

〈表3：イカン系（洒落本）〉

	不良	当為	禁止
	φ	ズバ	テハ
色道三略巻			
永代蔵			
濁里水	7		
宮郭八景論			
廓の池好			
囲多好髷			
女楽巻			
軽世界四十八手	1		
駅客娼せん			
蓬駅妓談	1	1	
南浜野圃の玉子	1		1
浮雀遊戯嶋			
傾城仙家壺			
通妓洒見穿			
春遊南訶一夢			
南駅夜光珠			
夢中角菴戯言			
合　計	10	1	1

『上方はなし』を調査した竹村（二〇一六）では、タラやト等の条件句を前件にとることが多いと指摘されているが、尾張方言では前件に条件句をとる例は見当たらない。

そして、当為表現・禁止表現は以下のとおりである。

○どふとも勝手にしろしかしそいつをけすにはろせうでもかけづは行《ゆく》まい
（松兵衛→お梅『蓬駅妓談』一六四頁）

○戯作といふやつは上ミ木作りのせんき玉から下モ井戸堀のあかぎれ足迄をくつとつつうにのみ込五分もすいた事が有てはいかん事さ
（増井→恥丸『野圃の玉子』一八六頁上）

当為表現の例は、前項部「ズバ」にあたり、江戸語において後項部は「ナルマイ」と強い共起関係であると田中（二〇〇一）に指摘されるが、尾張方言において使用少数のイカン系の「ユクマイ」が用いられている点が興味深い。また、禁止表現は前節のナラン系に多くみられた「コトハ」との共起がみえず、条件句「テハ」である。

このように、近世尾張方言において、イカンは「良くない」を表す意味・用法が中心で、当為・禁止表現は萌芽の状態であることが示された。では、滑稽本はどうか。表4に使用数を示す。

滑稽本のイカン系は、「良くない」が三例、禁止表現が一例認められ、当為表現は確認できない。

〈表4：イカン系（滑稽本）〉

	不良	当為	禁止
	φ		テハ
津嶋土産			
祇園守	2		
金乃わらじ追加栗毛尻馬	1		
郷中知多栗毛			1
熱田参り股摺毛			
合計	3	0	1

○さつきにいふ通りさ、身上がいかんから、さうだんのうへでわかれた噺衆、まんだ暇の状をださんから、おれが女ぼうにちがひなしさ。（太郎兵衛→孫太『祇園守』五七頁下段）

○その様に、しあんして居ちやいかぬ、ツイつか〳〵と登つてお出（弁当持ち→弥治郎『郷中知多栗毛』二三五頁）

禁止表現は洒落本同様、テハに接続し、単独では用いられない。

四　イケナイ系

イケナイ系は「良くない」を表す不良、当為表現（前項部は否定助辞ではなく、形容詞）に各一例みられた。

○何たね、此いしもちが拾弐貫、こちらの鱚《きす》残魚が八貫ツ、と欤《か》、こりやいけねへ、北八てめへハとふじや（弥治郎→北八『郷中知多栗毛』二一四頁）

○いハれおはやしハ、ぜんばやしてなくつてハいけねへ（『栗毛尻馬』二七八頁）

第二章では、江戸語の当為表現はナラナイ系が中心でイケナイ系は萌芽の様子であることを指摘した。管見の限り、江戸語におけるイケナイの当為表現の初出は、『狂言雑話五大力（享和二年）』の「よつぽど骨をおらねエじやア。いかねへ」である。これより約四〇年後の例であるが、地方の戯作にも出現することから、江戸語においてイケナイ系が定着の様相をみせるようになったとも解せよう。しかし第二節二項にも述べたとおり、江戸語話者弥次郎の発話の断定辞にジヤが用いられる等、その用法は上方語・江戸語の混同がみられ、本章では用例を挙げるに留める。

五　アカン系

大阪語において昭和落語から使用がみえると矢島（二〇一三）に指摘があるが、尾張洒落本において単独形式アカンはわずか二例で、その語源と目される「埒があかん」形も六例散見されるのみである。

○あの子はゐろうはやるで前日からやくそくしておかねばらちやあかんてなもし
（嗅→和同『四十八手』三五九頁）

○かねておまへにもはなしておいたとをりこちらの質物を取戻さねば何ごとも埒があかぬ
（烏朝→折枝『南駅夜光珠』二九六頁下）

○そんならあかんカくそ元よしめが
（益右ヱ門→『春遊南訶一夢』四二〇頁下）

○是もゆつたとてあかぬ事兎角不孝のばちでやとおもつてきれられてあきらめう
（久治郎→お梅『蓬駅妓談』一七一頁）

いずれも現在の禁止用法ではなく、「埒があかない」の意「物事がうまくいかない、効果がない」であり、近世尾張方言には禁止用法は認められない。

同様に、滑稽本でも「埒があかん」形が一例みえる。

○耳ハ聞えず物ハいへず、何をいつても埒があかん。此近所に茶屋ハなし、近付の家もなけりや、頼んでふるまつてもらふ内もなし。ア、どふしたらよかろふ
（孫太→『祇園守』三七頁下）

右例のように、滑稽本においても「物事が捗らない」という原義から派生した「どうしようもない」という意であり、現在のような禁止用法はみられない。この点は、上方語と同様で、近世期においてアカンが禁止用法をまだ持ち合わせていないことが確かめられた。

ところで『浪越方言集』は、遠州浜松出身の高津龍が、文政六年に名古屋で方言を聴取した際に記録したものである。収録語彙はわずか八十余語と少ないが、解説（芥子川律治氏執筆）に「他国人だけに、従来の名古屋人の著した方言書にみられない語がいくつか採録されている（二一頁）」、「他国人が名古屋に於いて聴取した方言を記したものだけにその意義は大きい（同）」書である。この『浪越方言集』に「ラチアカン」「アカン」が収録され、「良くない」の意と著される。

○ラチアカン　皇都ノ人ラチアカント云。尾州ノ人ハヤクニタ、ント云事ニ用ユ。（九七頁）

　アカン　ラチアカンノ略語。（九九頁）

また、アカンは前田（一九六四）に「（宝暦頃から現れる）①埒が明かぬ。天保十一年・新撰大阪詞大全（略）②むだである。宝暦七年・祇園祭礼信仰記四[注6]（以下、略）」の例をあげ、禁止の意味のアカンはもう少し時代が下るようである。上方語・大阪語を調査した矢島（二〇一〇）、竹村（二〇一六）においても禁止用法のアカンがみえるのは明治期との指摘があり、尾張においてはさらに後のことと思われる。さらに資料を増やし、調査を行う。

第三節　当為表現・禁止表現の比較——言語地図との対照

本節では「条件句＋禁止」という共通した構造をなす当為表現と禁止表現を前項部、後項部別に、比較する。加えて、現代の実態を示す言語地図との比較・対照を行うことで、両表現の共通点、相違点、また変化過程も明確になると考える。

一　後項部

ナラン系・イカン系が当為表現・禁止表現にどのように出現していたかをまとめると、ナラン系は当為表現では洒落本に二六例、滑稽本五例、禁止表現は洒落本九例、滑稽本六例、イカン系は当為表現が洒落本に一例、禁止表現が洒落本・滑稽本に各一例である。洒落本の当為表現の用例数が突出して多いが、近世期尾張方言において、話し手・聞き手に作用する禁止を表す形式はナフンが中心形式で、イカンは少ない。

ここで今日の分布をみるべく、『GAJ』、『NLJ』[注7]および『方言資料叢刊』[注8]を概観する。まず、GAJ二〇七図「おれはあした役場に行かなければならない」をみると、愛知県はナランが広く分布するなか、併用形式イカンがみえ、かつイカンの併用形式としてアカンが孤存する。またNLJ八〇図でも県全域にナランが広く分布するなか、併用形式にイカンが認められる。[注9]なお、『方言資料叢刊』には岡崎市ではイカン・ナランが、名古屋市ではナランとある。
一方、禁止表現GAJ二二六図「そっちに行ってはいけない」では、愛知県全域にイカン類が広く分布するなか、併用ダメ・ダチカン（ラチアカンの変化形）が孤存する。[注10] 続く、NLJ七九図でもイカン類が全域に分布し、静岡県境および渥美半島にダメが併用されている。なお、『方言資料叢刊』の岡崎市にアカンがみえる。

つまり、言語地図では当為表現はナラン系が広範に分布するなか、併用形式にイカン・アカンが点在するのに対し、禁止表現はイカン系が中心でダチカン∨アカンがみえ、加えて東日本に広く分布するダメが少数存することになる。当為表現に古態的なナラン系を、禁止表現にイカン系というように分担する様子が示された。また、東日本に多く分布するダメが認められるのは、共通語の影響とも目されるが、当地が関西語の影響を強く受けていることを鑑みると、東西の影響関係が気になるところである。

文献資料においては、当為・禁止両表現においてナラン系を用い、イカンは萌芽の様子が示され、当為表現がナラン系を、禁止表現がイカン系という表現形態の区別はみいだせない。[注11] しかし、当為表現の

○そりやどふとも勝手にしろしかしそいつをけすにはろせうでもかけづは行《ゆく》まい

（松兵衛→お梅『蓬駅妓談』一六四頁上段　再掲）

はズバイクマイである。江戸語において前項部ズバと打消推量マイが強く呼応するのはナルマイであり、イクマイはみえない。また、上方語においてはその呼応関係が江戸語に比べて早く失われる。しかし、右例は古態的な未然形＋バ形式と新形式イカンが使用されている点に、今後イカン系が伸長する様子が

みてとれる。明治・大正期の資料での変化過程を検証することは後考に期したい。ここではナランが複数の意味・用法を担っていたが、イカンが「良くない」から禁止用法への変化の前兆と考えたい。

二　前項部

矢島（二〇一三）に示されるとおり、当為表現の前項部は否定を含むのに対し、禁止表現は否定を含まない。さらに条件句も前者はバ形であるのに対し、後者はテハ形に傾く。このため、各表現別に考察を行う。

一　当為表現

まず、当為表現からみていく。前項部形式をまとめると、ズバが一例、ネバが一三例、ニャは一一例、ンは七例、ナは一例である。洒落本ではネバ・ニャ・ン・ナが、滑稽本はズバ・ネバ・ニャ・ンの各四形式がみられた。条件表現史において未然形＋バが衰退し、仮定形＋バが担う歴史を考えると、ズバが少ないことは首肯できる。矢島（二〇〇七）で上方語の当為表現形式は未然形＋バが少なく、仮定形＋バが中心形式であると示されており、[注12]この点は一致する。ネバの音訛したニャも一一例使用され、ネバを含めると七三％となる。次に多いのがン形式である。

当為表現前項部の変化について、湯澤（一九三六）は上方語ンナランの例を挙げ、その出自は不明としながらもンがニャ＞ナ＞ンと変化する見通しを述べている。[注13]一方、矢島（二〇一三）は、ンはナの母

音アの脱落形ではなく、ニャから変化したと推測する。[注14]

ＧＡＪ二〇六図「行かなければならない」をみると、近畿地方にン・ナが分布し、それを囲うように中部・中国四国地方にンが分布する。愛知県では全域にニャー系が分布するなか、北部にン系がある。さらに後項部に東日本由来の語形が認められた箇所はナケレバである。ところが、ＮＬＪ八〇図では愛知全域にン類が分布し、併用形式としてニャ・ナ、県境に東日本由来のナキャ（ナケレバ系）がみえる。本章では変化過程を推測できないが、上方語の影響を強く受けた洒落本という資料性を鑑みると、上方より進取的にンを採用したとは考えにくい。さらに資料を増やして、検討を行いたい。

二　禁止表現

対する禁止表現は、どうか。洒落本では「連体形＋コト＋ハ（ガ）」形が主流であるが、テハ形が増加していく様子が示された。矢島（二〇一三）においても上方語ではテハが中心で、明治大正落語資料からタラ増加が指摘されている。[注15]近世期尾張方言においても、上方語の影響を受け、テハが拡大していく様子が示された。上方語の影響と推測したのは、後項部イカン・ラチアカン形が尾張より早くに使用されており、かつイカンの禁止用法も早い。そのため、上方からの伝播と考えられるのである。

ＧＡＪ二二五図「行ってはいけない」、では、愛知県全域にイッチャー（イッテハ）が分布するなか、北西部にイッテがみえる。そして、ＮＬＪ七九図では愛知県全域でイッチャーが分布するのは共通するが、岐阜県境にイッタラがみえる。このタラは、矢島（二〇一三）[注16]も述べるように、近畿地方では広くタラ系が分布しており、その影響がうかがえるのである。尾張方言においては、近世期に上方から伝播したテハがその後タラに転じることなく、今日のように広範に拡大したなか、遅れてタラが進出したと推測される。

本章のまとめ

本章では、以下のことを述べた。

○ナラン系は当為表現の用法がもっとも多く、禁止にも用いられる。このほか、「良くない」「不可能」という複数の意味を有するが、禁止の意に収斂される。今日の用法をみても、当為表現でナラン系が広範に分布しており、古態的形式が保持される傾向がみえる（上方語・関西語／江戸語・東京語と共通）。

○イカン系は「良くない」がもっとも多く、禁止用法（禁止表現・当為表現）は少ない。今日では、禁止・当為両表現形式でイカンが広範に分布する。なお、アカン系は語源と目される「ラチアカン」の形式で用いられ、今日のように禁止の意味を表すのはまだ先のことであろう。現代では禁止表現にアカンがみえるため、近世期のイカン・アカンは「良くない」を表すなか、イカンが徐々に禁止用法を獲得していく過程がうかがえる。

○当為表現前項部はネバ・ニャ形がもっとも多く、バを介する形式が中心ななか、ンが増加する。

○禁止表現前項部は、後項にナラン系が接続する際には「コトハ」が多いのに対し、イカン系を接続する場合はテハ形を選択する。この点は上方語の影響を受けたものと推測される。

以上の指摘は、当為表現の文法化が禁止表現とは異なること、さらに禁止表現形式において、言語地図に東日本由来の語形ダメが散見されたが、関西語由来の前項部「タラ」もみえ、共通語の影響とともに関西語の影響も強く受ける。これは当地が東西中央語の緩衝地帯であり、中央語の影響をどのように取り入れたのかという問いへと連続している。さらに全国的な分布解釈も課題である。

また、田中（一九六七・一九六九）に指摘されるように、江戸語東京語の当為表現の周辺的な形式[注17]として後項部に「スマン・スマナイ／オカン・オカナイ」という表現は近世尾張方言において

○啀さねはすまぬこつちやがひよつと腹を立なさると （お花→増井『野圃の玉子』一九九頁下）

○イヤこなたか呑込ましやれはわしも女の一念たてねはおかぬ （『永代蔵』六二一頁）

こうした表現類をどう位置づけるか、今後の課題として残されている。

注

1 渋谷（一九八八）ではイケナイの成立について、可能・禁止・危惧・自発等の周辺の表現まで広げて詳細に検討されている。

2 竹村（二〇一六）ではナラン系・イカン系において「どうもならん」「訳にはいかん」等を定型表現として扱うが、これらの表現は動詞ナル・イク本来の意味であるため、除外する。

3　竹村（二〇一六）同様、ナラン・イカンにはナラヌ・ナリマヘン・ナルマイ・イカヌ・イクマイ等の諸形式があるため、以下、諸形式を含めた表現としてナラン系・イカン系と示す。

4　○おいらア肩ハさしてつまらねへが、夕ア船に乗りおくれ、中橋から熱田まではしつたから足がくたひれたによつて、下モ安くたのミやす（北八→あんま『郷中知多栗毛』一六七頁）

5　○かし本どころかどゑらひ目に合ふた（北八→本屋の手代『郷中知多栗毛』一七五頁）

6　『日本国語大辞典（第二版）』のアカンの初出例として祇薗祭礼信仰記四が挙げられている。

7　国立国語研究所の共同研究プロジェクト「方言の形成過程解明のための全国方言調査（研究代表者：大西拓一郎氏）」で、二〇一〇年から二〇一五年にかけて全国五五四地点において二一一の項目を調査している。当該地図および分布概要は岸江信介氏による。

8　『方言資料叢刊』の調査は、一九九四年にその土地生え抜き意の六〇歳代の女性対象に行われた。本章該当表現は、当為表現は、調査項目二一・二二「どうしても行かねばならない」と、禁止表現の調査項目四八友達が危ない所へ行こうとするのを止めるとき「そんな所へ行ってはいけない」である。

9　東日本由来のナラナイが一ヶ所みられる。

10　注9のナラナイが示された地である。

11　矢島（二〇一三）三二八頁注16にイカン・イケナイの出自に関し、否定的当為表現（本章で言う禁止表現）が肯定的当為表現（当為表現）より先に使用があることを述べ、その影響関係を勘案する必要性を指摘する。

12　矢島（二〇一三）三五七頁。またこの表には滑稽本においてト形式が一二例あると示されるが、用例は挙げられていない。

13 湯澤（一九七〇）三四四頁。

14 矢島（二〇一三）三二六頁注14。

15 矢島（二〇一三）三五九頁、表3。

16 矢島（二〇一三）は、当為表現・禁止表現を比較した結果、江戸語・東京語では「特定の表現性には特定の言語形式を分担させる分析的指向を背景」としているのに対し、上方・大阪語では「同言語の整理指向の動向がそのまま現れる（三六七頁）」と指摘する。

17 田中（二〇〇一）六九〇頁、七一二―七一四頁。

第六章　国語教科書における当為表現の変化

――明治から昭和二〇年代にかけて――

はじめに

本章は、戯作資料や小説とは異なる資料において当為表現の史的変化を検討しようとするものである。
明治以来、多くの標準語論・共通語論が論議されていることは、周知の事実である。その標準語ないし共通語は、いずれも東京語と関連づけて論じられ、「東京の山の手の中流のことば」とか「東京の教養ある人々のことば」と考えられたりする。このような東京語になんらかの限定もしくは修正を施したものを標準語・共通語と認めようとする見解が、明治・大正期に多く、現在までも論じられるところである。東京に基盤が置かれた理由は、江戸時代以降、その政治形態により、政治・経済・文化・学問等の発信源として、国内各地に大きな影響力を持っていたからであろう。

さらに、標準語・共通語を必要とするにいたる要因は、それ以前の各地方（各藩）において使用されていたことばを共通させ、国家の統一をはかることを目的としていたからである。

ところで、第一期国定国語教科書の編纂趣意書には、

文章ハ口語ヲ多クシ、用語ハ主トシテ東京ノ中流社会ニ行ハルルモノヲ取リ、カクテ国語ノ標準ヲ知ラシメ、其統一ヲ図ルヲ務ムルト共ニ、出来得ル丈児童ノ日常使用スル言語ノ中ヨリ用語ヲ取リテ、談話及綴リ方ノ応用ニ適セシメタリ。

とある。注目される点は、「用語ハ主トシテ東京ノ中流社会ニ行ハルルモノヲ取リ」と「国語ノ標準ヲ

知ラシメ、其統一ヲ図ルヲ務ムル」という点であろう。また、第二期国定教科書の編纂趣意書にも

口語ハ略東京語ヲ以テ標準トセリ。但シ東京語ノ訛音・卑語ト認ムルモノハ固ヨリ之ヲ採ラズ。例ヘバヒラツタイトイハズシテヒラタイトイヒ、イイ天気ヲ採ラズシテヨイ天気ヲ採レルガ如シ。国語読本ハ一方ニ於テ国語統一ノ実行ヲ挙ゲントスルモノナレバ、教授者ハ成ルベク読本ノ言語ニ熟シテ、訛音及ビ方言ヲ匡正スルノ覚悟ナカルベカラズ。

と述べるように、第一期とほぼ同じである。しかし、

然レドモ我ガ口語ハ未ダ確乎タル標準ヲ得ズ、社会ノ階級尊卑等ニ於テ、又ハ児童ノ男女間ニ於テモ特殊ノ言語アルヲ以テ、学校用読本トシテハ純然タル自然的言語ヲ写スコト能ハザル憾尠シトセズ。教授者ハ読本以外ニ於テ務メテ児童ノ言語ヲ練習セシムル工夫ヲ積マンコトヲ要ス。

とも述べ、標準語がまだ確立していない様子もみてとれる。

このように「標準語」という語はみえないものの、東京語に基盤が置かれ、さらに訛音等の東京方言を排除された東京語が教育・新聞雑誌等・放送により全国民の理解共通語となり、各地その土地の方言に加え、第三の言語として普及し、用いられるようになるのである。

こうした背景を考えると、国定国語教科書が標準語・共通語普及に大きく寄与したといえよう。注1

さて、本章はこうした国定国語教科書における当為表現を検証し、その特徴を考えてみる。第二章では、近い時代の模様を考察した。それと比較することで、国定教科書に採用される表現の特徴および国定教科書自体の性格が明確になると考える。この検討を通じて、当為表現という一面からではあるが、

当時の「標準語」のあり方が自ずと明らかになるだろう。その際、国定教科書以前の教科書（小学読本）[注2]も加え、明治から昭和二四年までの様子を概観する。

なお、国定国語教科書における当為表現については、古田（一九八〇）、京極（一九八八）に否定表現に関わる形式として論じられている。古田（一九八〇）は、第一期と第二期のナケレバナラヌ・ナケレバナラナイを取り上げ、また京極（一九八八）はネバナリマセン・ナケレバナリマセンの二形式についてのみ考察している。両氏とも口語文体に属する特定形式に限定された考察である。また、松崎（二〇〇二）は国定修身教科書の調査を行っており、古田（一九八〇）、京極（一九八八）同様、口頭語形式が多用されていることを明らかにした。本章では、国定国語教科書の当為表現を前代からの継承性や当代での位相面等の点でも検討する。そのためすべての当為表現を対象にする。そこで、まず次節では、小学読本・国定教科書の前および同時期の文学作品における当為表現の史的変化について論じる。

第一節　近世後期から明治・大正にかけての様子

本節では、本章考察資料の前および同時期の江戸語・東京語、関西語資料で明らかとなった史的変化をまとめる。それはこの史的変化と国語教科書に現れる結果を比較することにより、国語教科書の性質がより重層的に検証が可能となると考えられるからである。はじめに江戸語・東京語からみていく。この際、前項部（シナケレバナラナイ）と後項部（シナケレバナラナイ）に分け、この順に論じていく。

一　江戸語・東京語の場合

本節では、第二章の史的変化の様子をまとめる。調査資料は洒落本・滑稽本・人情本・洋学資料・明治期文学作品（東京出身の作者による）である。

まず話しことばをまとめる。前項部は、否定の助動詞ヌ系のズバ（ザア）・ネバとナイ系のナケレバ（ナイケレバ）・ナクテハ（ナイデハ）・ナイトが確認された。また史的変化としては、否定の助動詞ヌ（ン）の衰退に伴い、当為表現においても明治中期[注3]にズバが衰退し、明治後期にはネバが漸減し、ナイ系のナケレバ・ナテクハにまとめられる過程がうかがえた。

そして、後項部はナラヌ・ナラナイ・ナルマイ・イカン・イケナイ（イカナイ）・ダメが現れ、このうちナラヌ・ナラナイが江戸期・明治期の中心形式である。イケナイ（イカナイ）の初出[注4]は享和二年の資料に確認されたが、江戸語期には洒落本・滑稽本に各一例、人情本に二例とたいへん少なく（ナラヌ・ナラナイは洒落本に一七例、滑稽本に二二例、人情本では三二例）、明治二〇年以降、増加の傾向がみられるもののナラナイの比ではない。また後項も前項と同じく、否定の助動詞ヌ（ン）の衰退に伴い、洒落本・滑稽本ではナラヌ（ナラン）とナラナイが拮抗した使用状況であったが、人情本以降はナラナイが優勢となり、明治後期にはナラヌ（ナラン）は衰退する。

次に書きことば（地の文）をみる。もっとも用例が多いのはネバナラヌ（ナラン）でついでナケレバナラナイ、ズバナルマイである。話しことばに比べると、その形式は限定されている。

二　関西語の様子

つづいて、第三章で近世後期から明治・大正期にかけての上方語・関西語における様子をまとめる。調査資料は洒落本・滑稽本・俄類・落語SPレコードである。

前項部は、近世後期にはネバ（ニャ）が中心形式であるが（この他ズバがある）、江戸末よりンが台頭し、明治・大正期にはン・ナにとってかわる。

また、後項部はナラヌ（ナラン）が近世後期から大正期にわたり使用される。イカヌ等のイク系は明治三六年の資料にその使用が認められたが、用例はわずか二例であり、ナラヌの比ではない。なお、イカヌ（イカン）は東日本に類似のイケナイが認められ、先行研究[注5]において西日本から伝播したと考えられているが、調査の結果、類似の発想のもと独自に成立したものと推測される。それは、イケナイ（イカナイ）が江戸周辺を題材にした作品にみられること、かつその使用は先行研究の指摘する文献[注6]より前の作品に認められるため、これらの語が関東に前々からあったと解されるのである。翻って上方からもたらされたとすると、江戸以外の周辺地域に使用されることはなかったと思われ、イケナイ（イカナイ）は上方で使用されていたイカヌが伝播したのではなく、関東で独自に形成、発展したと目されるのである。

さいごに全体の傾向をまとめておく。否定の助動詞ヌ・ナイの東西分布が当為表現にもあてはまり、江戸語・東京語にはナイ系のナケレバ・ナクテハが二大形式となる歴史が示されたのに対し、関西語はヌ系形式ネバからン・ナへの変化が認められた。また、後項部も同じく、江戸語・東京語はナラヌからナラナイへと変化したのに対し、関西語はナラヌが中心的な形式である様子がうかがえた。

第二節　国定国語教科書以前の小学読本の様子

本節では国定国語教科書以前の小学読本における当為表現を検証する。調査資料は以下のとおり（括弧は編者と出版年をさす）。

A　小學讀本（田中義廉　明治七年）
B　小學讀本（原亮策　明治一七年）
C　小學中等科讀本（内田嘉一　明治一八年）
D　尋常小學讀本（文部省　明治二〇年）
E　日本讀本初歩・日本讀本（新保磐次　明治二〇年）
F　帝國讀本尋常科用（學海指針社　明治二六年）
G　国語讀本（坪内雄藏　明治三三年）

右の資料は、成立時期が種々、かつ資料数も不足しているが、結果は一定の傾向がみられるため、妥当性があると判断した。これらの小学読本に使用されている当為表現の形式をまとめると、表1のよう

〈表1：当為表現用例数〉

後項部	ベシ系				ナル系					計
	ベカラザル	ベカラズ		ベケンヤ	ナラヌ		ナリマセヌ(ナリマセン)			
前項部	ザル	ズバ	ザル	ザル	ザリ	ネバ	ネバ	ナケレバ	ナクテハ	
小學讀本(明治7年)		3								3
小學讀本(明治17年)		2	1	5	1					9
小學中等科教本(明治18)		1								1
尋常小學讀本(明治20年)			1			1	3			5
日本讀本初歩・日本讀本(〃)			4							4
帝國讀本(明治26年)						1	1	1	1	4
讀書教本(明治27年)			1				1			2
國語讀本(明治33年)	4		1			1				6
計	4	19			4		7			34
個別構成比(%)	11.7	55.9			11.8		20.6			100
累計構成比(%)	67.6				32.4					100

になる。空欄は各項ゼロである。

表1によれば、後項部はベシ系（ベカラザル・ベカラズ・ベケンヤ）が多く、特にベカラズが強い。また、ナラヌ・ナリマセヌのナル系も明治二〇年を境にその使用を増加させる（アルファベットは前述調査資料A～Hの出典をさす）。

〇然れども、不正の心の生じ易きこと、雑草の如くなれば。心に蒔きたる、善き種子を、害すべきものは、これを抜き去らずば、あるべからず、

（A　巻之二　第五　一二七頁）

〇人トシテハ必ズ人タル道ヲ守ラザル可ラズト。

（C　巻三　第廿四課　士人寶力ヲ傳フ　四〇七頁）

〇人間は、甚だ強き者なれば、如何なる獣にても、人間に敵對するには、狡猾なる計略を用ひねばならぬ

（D　巻之七　第六課　傲慢なる狼　一四八頁）

〇きやうだいは此やうにむつましくて、助けあ

はねばなりませぬ。

（D　巻之一　第二十二課　三一頁）

○アノヤーウニ車ノカケテトホル時ハ、キヲツケナケレバナリマセン。

（F　巻之二　第二〇課　ジンリキシーヤ　四五八頁）

○さやーうでございますから、みなさんは、つねづね父母のごおんをわすれずに、よく孝かーうしなくてはなりません。

（F　巻之二　第二三課　父母　四五九頁）

前項部はザルがもっとも多く、ついでネバ・ズバ・ナケレバ・ナクテハの順である。そして、ザルが多いことに関しては、後項部の文体の影響が強いためと考える。それは、第一章で指摘したとおり、前項部がヌ系の場合には後項部もヌ系、前項部がナイ系の場合は後項部もナイ系というように、同系で結ばれることが多いからである。つまり、この場合も後項部がベカラズ（ベカラザル）であるため、前項部もそれに呼応してベシ系接続のザル・ズバが使用されたと解する。このことは、ナル系にも相当し、後項部ナラヌ・ナリマセヌとヌ系であるため、前項部もヌ系のネバにその使用が集中したと考えるのである。

ベシ系優勢のなか、明治二〇年頃から後項部にナル系が使用されはじめる。ベシ系とは異なり、口語性が一気に増す。この口語性の高さはは、ナリマセヌ（ナリマセン）の敬体がナラヌの常体より多く使用されることからも裏付けられる。なお、明治二〇年頃といえば言文一致運動が起こり、小説の文章では話しことばに即した文章が用いられるようになり、地の文と会話文の接近が試みられた時期である。

小学読本においてもその影響を受けたのであろう、後項部にナル系、前項部にナケレバ・ナクテハが使用されるようになる。

以上のように、当期の小学読本の当為表現形式は、文体の影響を強く受け文語調形式（前項ザル、後項ベシ系）に傾くなか、明治二〇年頃から次第に口語性の高い形式があ現れる。このように限定された資料ではあったが、一定の傾向が見出せたためこの考察は妥当であると考える。

第三節　国定国語教科書における当為表現の様子

そこで、次に国定教科書における当為表現の様子をみていく。まず各期の使用時期を示す。

第一期　明治三七年から使用（俗称イエスシ読本）
第二期　明治四三年から使用（俗称ハタタコ読本）
第三期　大正七年から使用（俗称ハナハト読本）
第四期　昭和八年から使用（俗称サクラ読本）
第五期　昭和一六年から使用（俗称アサヒ読本）
第六期　昭和二二年から二四年まで使用（俗称みんないいこ読本）

これらの資料における当為表現の表現形式および用例数を表2に、前項の形式別用例数を表3に示した。まず、前項部の様子を概観する。表3に示したとおり、国定教科書には、ザル・ネバ・ナケレバ・ナ

〈表2：当為表現用例数〉

後項部	ベカラズ	ナルマイ		ナラズ	ナラヌ（ナラン）		ナリマセン			ナラナイ			ナラナカッタ			イケナイ	イケマセン	ダメ	計
前項部	ザル	ネバ	ナケレバ	ナケレバ	ネバ	ナケレバ	ネバ	ナケレバ	ナクテハ	ネバ	ナケレバ	ナクテハ	ネバ	ナケレバ	ナクテハ	ナケレバ	ナケレバ	ナクチャ	
第1期（明治37）	3			1	4		1		2		1			1					13
第2期（明治43）	7		1	1		11		4			8			1					33
第3期（大正7）	1		1	1	7	8		3		1	8	1	1	2		1			35
第4期（昭和8）	2	1			12		2	3		3	10		3	3		1	1		41
第5期（昭和16）								10			22	1		2					35
第6期（昭和22）								7	1	1	20	1		6	1			1	38
計	13	3		3	42		33			76			20			3		1	195
個別構成比（%）	6.7	1.5		1.5	21.5		16.9			39			10.3			1.5		0.5	99.4
累計構成比（%）	6.7	1.5		39.9						49.3						1.5		0.5	99.4

＊ 注：第5期に後項部省略形式2例（〜ナケレバ）、第6期に5例（〜ナケレバ4例、〜ナクテハ1例（表には表記せず））

〈表3：国定国語教科書　前項部別用例数〉

	ザル	ネバ	ナケレバ	ナクテハ	ナクチャ
第1期	3	5	3	2	
第2期	7		25		
第3期	1	9	25	1	
第4期	2	21	18		
第5期			36	1	
第6期		1	38	2	2
計	13	36	145	6	2
構成比（%）	6.4	17.8	71.8	3	1

クテハ・ナクチャの五形式が現れた。また、第一・四期を除いてナケレバがネバを凌駕する結果となった。実際に用例をみていこう。

○箱根山ハ、上下、オヨソ、八里アリテ、道、ハナハダ、ケハシケレド、昔、東海道ヲ往來スルニハ、カナラズ、コエザルベカラザル要路ナリキ。

（第一期　高等小学讀本　巻一　第八課　箱根山　五三二頁）

○故に我等は、自國の國旗を尊重すると同時に、諸外國の國旗に對しても、常に敬意を表せざるべからず。

（第三期　巻一二　第十三課　國旗　五三六頁）

○「クサキハアヲイ」といふのを漢字だけで書けば、差當り「草木青」と書いて満足せねばなるまい。

（第四期　巻十一　第十二　古事記の話　一七二頁）

○間もなく去って行かねばならぬ日本に、なごりを惜しんで居るのかも知れません。

（第四期　巻八　第二　つばめはどこへ行く　三七頁）

○土の中は、たとえ一二センチ歩くにも、トンネルをほっていかなくてはなりません。

（第六期　第四学年中　二　あぶらぜみ　一八六頁）

○どうしても大きな用水池を掘らなければならないと考へた。

（第三期　巻五　十九　用水池　三四七頁）

○相手の人のいうことばのわけをよくききわけて、それによくかなうようにしなくてはならない。

（第六期　第五学年下　十　ことばのはたらき　三一二頁）

○リンカーンは其の頃からもう父の手助をしなければならなかった。
（第三期　巻十一　第二十二課　リンカーン　五一〇頁）

○熱帯地方から持って來たのだから、かうして年中六七十度以上の暖さの處に置かなければいけないのだ。
（第三期　巻十　第十九　温室の中　四七七頁）

○「お前も、負けないやうにしなければいけないね」とおつしやつた。
（第四期　巻五　十九日記　六七七頁）

○これからもっと勉強しなければいけません。
（第四期　巻四　十七　豆まき　六五一頁）

○「絵をかくことも、いっしょうけんめいにけいこしなくちゃだめでしょうね。」
（第六期　第五学年下　二　写生（二）　二九五頁）

このように、ナケレバが多数用いられている。この結果は江戸語・東京語の様子とも通いあう。ただし、ネバが依然かなりの使用数があること、ナクテハの用例が少ないこと、江戸語・東京語に比べ形式数が少ない（ズバ・ナイト）ことが指摘できよう。

つづいて後項部をみる。表2によれば前節の小学読本とはまったく様子が異なることがわかる。それは、以前みられなかったナルマイ・ナラナイ・ナラナカッタ・イケナイ・イケマセン・ダメといった多様な形式が現れたことである。

用例をみると、後項部ベシ系は文語文にみられる形式であり、この点は前節の小学読本と合致する。またナルマイは、文学作品では明治後期に既に衰退したのに対し、国定教科書では第四期（昭和八年〜）

まで登場する。なお、先行研究に江戸後期には後項ナルマイの前項はズバと強い呼応関係で結ばれていた[注7]のが明治以降はこの呼応現象が崩れると指摘されている。[注8]この傾向は、国定教科書においても同様で、ナルマイの前項部はネバ・ナケレバで結ばれており、ズバが衰退したであろう様子が表3からも明らかとなった。

では、ナル系形式はどうか。このうちヌ系のナラヌ（ナラン）は、文学作品においては明治後期には既に使用されなくなるのに対し、国定教科書では第四期まで用いられる。それには理由があると思われる。用例をみると、

○麥が、よくみのった。もうからねばならん。　（第一期　尋常小学読本　だい五　むぎ　四五〇頁）

○どのくらゐの損害賠償をさせるのが適當であるかを判斷せねばならぬ。
（第四期　巻一二　第二〇　裁判　二四七頁）

○電報の文は成るべく短く書かなければならない。
（第二期　巻八　第十四　電報　一三五頁）

○たゞ注意しなければならないのは、順序正しく進むといふことです。
（第四期　巻一一　第一三　松坂の一夜　一七四頁）

のように、ナラヌがナラナイとは必ずしも等価ではなく、ナラヌが断定・強い意志のような表現性をもって使用された結果と思われる。なお、ナイ系のナラナイは第二期よりその使用を拡大し、代表形式となる。

また、イケナイ（イカン）では文学作品では江戸末・明治前・中期にみられるが、国定教科書には第

三・四期に各一例、敬体のイケマセンも第四期に一例と、まだ萌芽の状態といえる。そしてダメも第六期に一例出現するのみである。一方、文学作品では『野分』に二例確かめられる。このように国定教科書における当為表現形式は、文学作品に比べ新形式の出現時期がかなり遅れる。具体的にあげると、調査範囲においてイケナイの初出例は享和二年であるのに対し、国定教科書では大正七年からの使用のものにようやくみえる。また、ナラナイ・ダメも同様の傾向を得た。このように、文学作品と国定教科書との模様がかなり齟齬する状況は、何を語るものであろうか。

この理由は、教科書という性格による点が強いことであると思う。小説のように筆者がスタイルを自由に選択できるのとは異なり、教科書は「はじめに」で引用した第一期国定教科書の編纂趣意書に「カクテ国語ノ標準ヲ知ラシメ」と述べ、つづく第二期国定教科書の編纂趣意書でも

但シ東京語ノ訛音・卑語ト認ムルモノハ固ヨリ之ヲ採ラズ。(中略)教授者ハ成ルベク読本ノ言語ニ熟シテ、訛音及ビ方言ヲ匡正スルノ覚悟ナカルベカラズ。

とあるとおり、規範性がもっとも重視されていた。ゆえに、新形式を教科書に採用する時期は、そのことばが広く一般化してからとなるため、例えばナラナイ・イケナイ・ダメ等が文学作品に比べ出現時期が遅くなったと考える。

さいごに、後項部省略形式をあげる。後項部省略形式は、第五期に二例(〜ナケレバ)、第六期に五例(〜ナケレバ四例、〜ナクテハ一例)ある。

○「さうさう。このおにいさんにも、いい着物を着せてあげなければ」

○りょう方いっぺんにはいけないよ。右手と左手をはんたいにこいだら、ぐるぐるまわりをするばかりだ。はじめに右かひだりかどちらかへやらなければ

（第五期　初等科國語七　六　源氏物語　六四〇頁）

○「でも、村に帰らなくちゃ」

（第六期　こくご三　九　五人のこども　五二頁）

（第六期　第三学年下　三　かかし　一三〇頁）

右記の用例は、いずれも後項部が省略されても十分当為表現であると認識できよう。それは、既に当時後項部が省略されても一種連語の自然らしさ、規範性が確立した裏付けと考えるのである。この時期、「已然形＋バ」形は恒常確定条件に収斂していて、帰結句はなくても結論的意味が予測できるものであったことも大きいはずである。注9

また、再度表2を参照すると、前項部は後項部に比べ早くヌ系からナイ系へ変化している。前項部はナケレバが全体の約七割以上を占めているのに対し、後項部はヌ系・ナイ系ともに四割以上使用され、否定助辞ヌからナイへの変化は前項部に強く示されている。この傾向は前節の小学読本にも該当する。それは、後項部はヌ系のみ用いられているのに対し、前項は各一例とわずかではあるが、ナケレバ・ナクテハが認められるのである。

第四節　否定助辞の様子

本節では、当為表現に密接に関わるところの否定助辞の使用実態を探る。その際、「残らず」「相変わらず」等の副詞は考察の対象から除外する。当為表現の用例を除いた否定助辞を形式別に分類した結果が表4である。

表4をみると、小学読本と国定教科書においてズの使用率の高さが目立つ。それは、

○聞けば、おまへは、豊島の戦にも、出ず、また、威海衛の港口を撃ったときにも、べつだん、てがらをたてなかったさうな。（第一期　尋常小学読本　巻八　第五課　感心な母（一）　五二九頁）

○風がひどいので、あひるの子は立つこともできず、すわりこんでしまわなければならなかった。（第六期　第四学年中　六　みにくいあひるの子　二〇〇頁）

のような中止法の用法が多いことによる。

だが、この他の様子は小学読本と国定教科書において大きく異なる。小学読本ではザリ系形式がもっとも多用されているが、これは既に指摘したように文語文体を反映した結果の現れである。逆にいえば、文語文体がそれだけ全体の中で多くの割合を占めている証である。しかし、国定教科書ではザリ系は二三二例認められるものの、全体に占める割合は六・八％と少なく、口語文体が多く占めることが明示された。それは第四期以降、文語文は歴史的教材・古典教材に限られるため、第四期からザリ系は用例数を減少し、第六期にはわずか一例と顕著に示される。この点が小学読本と大きく異なる点である。

そして、ヌ系は小学読本においてはヌがもっとも多く、この他ン、マセヌ、マセンの順にある。ヌがンより強く用いられたのは敬体マスに接続する形式が多いことによる。一方の国定教科書は、第一期は

〈表 4：否定の助動詞用例数（当為表現を除く）〉

	ザリ系				ヌ系						ナイ系			
	ザラ	ザリ	ザル	ザレ	ズ	ヌ	マセヌ	ン	マセン	ネ	ナ	ナイ	ナク	ナケレ
小學讀本（M7）	3		104	32	166	1		1						
小學讀本（M7）	1	10	18	20	61	11		10		5	1			
小學中等課讀本	11	7	186	76	510	4		19						
尋常小學讀本	2	40	36	6	88	52	20	7		6		1		
日本讀本（初歩含）	4	31	38	11	161	7		2		2				
帝國讀本	3	9	23	12	93	26	2	3	19	4		2		
讀書教本	3	6	20	5	46	6	6			2				
小　計	27	103	425	162	1125	107	28	42	19	19	1	3		
個別構成比（%）	1.3	5	20.6	7.9	54.6	5.2	1.4	2	0.9	0.9	注 2	注 2		
累計構成比（%）	34.8				54.6 注 1	10.4					0.2			
第 1 期			9	4	33	6		55	80	1		18		
第 2 期	12	18	85	15	236	55		4	126	2		127	8	5
第 3 期	2	9	30	6	135	74	9		150	1		189	26	5
第 4 期	2	8	16	1	67	78		1	190	2		154	26	3
第 5 期		5	8	1	67	22		2	242	3		263	27	4
第 6 期		1			36	15			302			321	42	5
小　計	16	41	148	27	574	250	9	62	1090	9		1072	103	22
個別構成比（%）	0.5	1.2	4.3	0.8	16.8	7.3	注 2	1.8	31.8	注 2		31.3	3	0.6
累計構成比（%）	6.8				16.8 注 1	41.4					34.9			

注 1：ズは厳密にいえばヌ系であるが、中止法として突出した用例数のため、他の形式との比較を行う上で累計構成比をヌ系とは区別した。
注 2：用例数の少ないものは個別構成比を省略した。

ンに傾くが、その他はヌ優勢の状態にある。ところが、ヌ系でもっとも大きく占める形式はマセンである。敬体はそれ以前はマセヌが優勢であったが、国定教科書ではほぼマセンとなり、活用形接続形式とはヌとンの様子が異なることが作用しているのである。

それでは、ナイ系形式はどうか。ナイ系は小学読本ではわずか四例の使用であるのに対し、国定教科書では第一期はヌ・ンに比べ用例が少ないものの、第二期からはナイ系優位の状態にある。ヌ系使用形式の大きな割合を占める形式は敬体マセンであり、活用形に直接接続する否定助辞形式は第二期以降ヌからナイへ変化したと捉えることができる。その証拠に、第一期のナイ系形式はナイのみであるが、第二期からは連用形ナク、已然（仮定）形ナケレが現れることが指摘できる。

そこで次に否定表現の結果と当為表現の結果を対照させて考えたい。小学読本の否定助辞は、文語文が多く占めるためザリ系が優勢であるなか、口語文ではヌ系が使用される。この結果は当為表現にもあてはまり、後項部ベシ系が六割以上使用される。なお、口語文体ではナラヌ・ナリマセヌとヌ系のみ用いられたのに対し、終止・連体形のナイは否定助辞にのみみられ、当為表現には現れない。

つづく国定教科書では、否定助辞はナイが優勢で、ヌ・ン（活用形接続の場合）は両形で一割以下の使用状況にある。ところが、当為表現では後項ナラヌも二割以上認められ、否定助辞の様子とは異なる。よって、このことによりヌからナイへの変化は、否定助辞の方が当為表現より早く行われたといえよう。ところが条件形式では逆の様子を示す。それは、第一期国定教科書においても当為表現にナケレバが三例みられるのに対し、否定助辞ナケレバが用いられるのは第二期からである。このように、ナイ系の条件形式の初出例が当為表現であるという傾向は、小学読本および江戸語資料からも同様の結果が得られた。

なぜヌからナイへの変化が遅い当為表現が、前項部（条件形式）ではナケレバ・ナクテハが否定助辞より先に使用されたのか。

それは、否定助辞条件表現とあわせて考える必要がある。湯浅（二〇〇一）では形式別に偶然確定・必然確定・恒常・必然仮定・偶然仮定・当為表現の条件表現別に分類し、検証を行った。その結果、「已然形＋バ」形式のネバ・ナケレバ・ナクテハは当為表現を含む恒常条件に収斂し、とりわけ当為表現にその使用が集中した。具体的に示すと、ナケレバは一六九例のうち一〇五（六二％）が当為表現であり、またナクテハは八五例中六〇例[注11]（七〇・六％）が当為表現という具合に、否定の条件表現のなかでは当為表現の占める割合がもっとも高かった。なお国定教科書も付加しておくと、ナケレバは一六七例中当為表現が一四五例（八六・八％）、ナクテハは八例中八例を占め、ここでも「已然形＋バ」形が、恒常条件の中でも特に当為表現に多く占めることが示された。それはまた、後項部が省略されても文章は当為表現であると認識される用例からも裏付けられよう。このように否定条件表現における「已然形＋バ」形は、当為表現に突出して多いのである。この推論を明らかにすべく、再度教科書という性質を考える。

教科書に採用される語形については第三節に述べたように、そのことばが広く一般化しているという前提が必要であった。当時の当為表現の形式については一節一項に記したとおり、前項部はナイ系のナケレバ・ナクテハ、後項部はナラヌ・ナラナイが中心形式であった。ゆえに、小学読本においても口語文においてナケレバ・ナクテハが用いられたのだろう。つづく国定教科書は、小学読本より後の作であり、かつ口語文が全体に大きく占めるため、より如実にナケレバ優位の様子となり、そしてまた後項もナラヌ・ナラナイが用いられたと考えるのである。このように、当為表現にナケレバ・ナクテハがさいしょに用いられたのは、否定条件表現において当為表現が際だった用法であること、かつ当時当為表現の代表形式はナケレバ・ナクテハであり、それが国定教科書に反映されたものと解するのである。

本章のまとめ

以上、みてきたところで主だった事柄をまとめる。

○小学読本は、文語文が全体に占める割合が高いため、ベシ系形式に使用が傾くなか、明治二〇年頃から口語性の高い前項ネバ・ナケレバ・ナクテハ・ナクチャ、後項ナラヌ・ナリマセヌが現れる。

○国定教科書では前項部はネバ・ナケレバ・ナクテハがみえ、特にナケレバ優位の状態にある。後項部はナラヌ・ナラナイが中心形式で、イケナイが萌芽の状態にある。

○国定教科書に後項ナルマイがみられる。江戸後期にはナルマイの前項はズバと強い呼応関係にあったが、規範性の高い教科書においてもその前項はネバ・ナケレバであり、ズバが衰退した様子が示された。

○後項部省略形式が七例あり、当時後項が省略されても一種連語の自然らしさ、規範性が確立していた。
○否定助辞と当為表現を比較すると、ヌ系からナイ系への推移は否定助辞に早くその動きがみられるのに対し、条件形式では当為表現にナイ系形式の初出例が示される。その理由としては、否定の条件表現における「已然形＋バ」形は当為表現に突出して多いこと、当時当為表現はナケレバ・ナクテハ／ナラヌ・ナラナイが中心形式であったため教科書にそれが反映されたと解する。

当為表現について国定教科書の模様を中心にみてきた。その結果、国定教科書は、ゆるやかな言語変化のなかで規範となれる表現事項を選択的に取り入れる性格が認められた。おそらく他の表現事項も似たような経過をたどったものと推測される。

明治三七年以来、こうした教科書によって国語の学習がなされたことは、全国に標準語を定着させるのにきわめて強い効果をもたらしたものと考えられる。そうした一定の価値意識に基づく言語表現の普及という面をあらためて認識できよう。また、当為表現だけでなく、他の表現事項もあわせて研究する必要があろう。

注

1　飛田（一九九二）は東京語の歴史を国定教科書に対応させて分類している。その区分は明治元年～三六年を東京語の成立期（国定教科書以前）、明治三七年四月～昭和二四年三月までを定着期（国定教科書使用期間）、それ以後を展開期とする（二五―二六頁）。

2 小学読本は、検定制度により民間のものも出版されていたのが、国定教科書になってからは、文部省著作の全国同一の教科書が使用されるようになる。

3 明治期を三期に区分する。前期は明治元年～二〇年、中期は二一～四〇年、後期は四一年～である。この三期に分類した理由は、当時起こった言文一致運動を背景とする状況を鑑みたからである。

4 筆者の調査範囲における初出例である。

5 田中（二〇〇一）六九三―六九四頁参照。

6 田中（二〇〇一）は『浮世風呂』の上方語話者の例をあげている。

7 田中（二〇〇一）六八六―六八七頁。

8 田中（二〇〇一）六九八―六九九頁。

9 当為表現は恒常仮定に分類される。恒常仮定は恒常確定についで条件句と帰結句の呼応の確実性が高いため、帰結句が省略されても意味が予測可能となったと考える。

10 会話文の用例をさす。ちなみに地の文はナケレバ一六九例中当為表現は一三一例（七七・五％）。

11 地の文ではナクテハ二六例中当為表現は一一例（四二・三％）。

〈調査資料〉

海後宗臣・仲新（一九六四）『日本教科書大系　近代編　第四～九巻　国語（一）～（六）』講談社

第七章　当為表現の全国分布とその解釈

はじめに

本章は、『方言文法全国地図』（以下、ＧＡＪ）、『新日本言語地図』（以下、ＮＬＪ）を用いた全国的な視野にたつ分布解釈を他の類似表現の関連も考慮しながら比較し、検証を行うものである。

当為表現の史的研究においては、上方語・関西語を対象とした松尾（二〇〇三）、矢島（二〇〇七）、があり、また江戸語・東京語では田中（一九六七・一九六九）、渋谷（一九八八）、等により変化の過程は明らかとなった。しかし、いずれも関西・関東の二大中央語を対象としており、各地域の模様の解明が残されている。この二大中央語以外の様子をＧＡＪおよびＮＬＪによる各地の分布状況から推論し、主要な中央語の歴史を参考にしながら全国的な分布になる以前の模様（歴史）を推定していく。

なお、本章では当為表現（おれはあした役場に行かなければならない）に密接に関連する恒常仮定条件「あんなところに行かなければ良かった」（ＧＡＪ一五三図）と禁止表現「そっちへ行ってはいけない」（同二二六図）の様相を比較・対照し、当為表現の分布状況を明らかにする。恒常仮定条件を用いるのは、当為表現前項部（行かなければ）が恒常仮定に属し、同じ否定助辞の恒常仮定条件として比較が有効であるからである。[注1] また、当為表現後項部（いけない）は禁止表現であるため、同一表現と比べることで、その差異がより明確となり、当為表現の特徴が明白になると考えるのである。そしてその結果、当為表現は他の表現に比べ形式が限定的であり、かつ方言周圏論的分布であることを述べる。

第一節　ＧＡＪの分布とその解釈

本節では当為表現の各形式と類似表現を比較し、類似点、相違点を明らかにする。

一　当為表現（前項部）の様子

ＧＡＪ二〇六図「（親しい友達にむかって）おれはあした役場に行かなければならない」の分布をみると、近畿地方は全般にン類（行かン・行かント）が分布し、その併用形式としてナ類が中央部および四国に散見される（徳島にナ類の併用形式としてナンダラが、ン類の併用形式にントが各一地点認められる）。またン類では、北は山形、新潟、南は九州（福岡・大分を除く）にみられる。このうち九州でのン類は行かンバであり、これは否定助辞「ヌ（仮定形）＋バ」の残存である可能性が高い。

そして、近畿のン類・ナ類を囲うように東西に分布しているのがニャー類である。東は静岡西部、山梨西南部、長野西南部、富山西部、石川に、西は中国・四国・九州（福岡、大分、熊本北部、宮崎、鹿児島）と広範囲にわたる。この分布から古形式ニャーが新形式ン類、ナ類に追いやられた歴史がうかがえよう。

一方、関東地方は二形式、ナケレバ類とナクテワ類が確認される。ナケレバ類（ナキャ等）が茨城、千葉、東京、神奈川、栃木・群馬北部、長野北東部、山梨・静岡東部に分布し、ナクテワ類（ナクチャ等）は茨城、千葉、栃木・群馬中南部、神奈川西部にナケレバ類の併用形式として用いられ、この他、埼玉にも分布が認められる。さらに、ナクテワ類は東北地方の岩手南部以南（宮城、福島）にまで広がっている。このため、ナケレバ類とナクテワ類の分布をまとめると、首都圏から北にかけてナケレバ類をA、ナクテワ類をBとすると、ABAB型分布と解することができる。この模様をどう捉えたらよいだろうか。

ナクテワ類は神奈川西部、埼玉、宮城、福島に分布していることから、新形式ナクテワ類が中央部ではないこれらの地域で独自に出現したとは考えにくい。[注2]むしろ、ナクテワ類が関東方言ナケレバ類を駆逐した後、東京および隣接する神奈川東部、千葉において共通語のナケレバ類が蘇生したと考えた方がよいであろう。ただし、埼玉、栃木・群馬南部のナクテワ類を越えて現れる栃木・群馬北部のナケレバ類が関東方言なのか、それとも共通語であるのか断定できない。しかし、このような歴史がこの分布より推察されるのである。

また、ネバ類が青森、岩手、秋田、宮城北部、山形、新潟北部に分布する。このネバは否定助辞ヌの仮定形に接続助詞バがついたネバではなく、形容詞無活用化のひとつであり終止形同形の仮定形にバが接続した「ネァ（ナイ）＋バ（naiba>nɛba・neba）」と音変化を経て生じた可能性が高い。千葉南部のネバも同様である。この点に関しては、小松代（一九五四）に詳述されている。

二　恒常仮定の様子

つづいて類似形式「あんなところに行かなければ良かった」（GAJ一五三図）を検証する。

まず、近畿地方は全般に「行かナンダラ」が分布し、中南部に「行かンダラ」、「行かヘンダラ」がある。

そして、近畿地方の「行かナンダラ」を囲う形で東西にニャ類（行かニャ・行かナ）が分布している。ナ類は、東では愛知・岐阜・福井東部、石川に、西は愛媛、島根、鳥取、福岡に分布する。そしてニャ類は、愛知、岐阜、石川、富山、長野中南部、山梨、静岡西部、および中国・四国・九州地方に示される。なお広島、島根、山口は「行かンニャ（ア）」である。

そして九州地方は先述したとおり、全域にニャ類が占める。そして熊本北部および長崎に「行かンナラ（バ）」、熊本・長崎南部に「行かンバ」、宮崎沿岸部に「行かンケリャ」が分布する。

このうち、「行かンバ」は当為表現においても同様の分布であり、先述のとおり「ヌ（仮定形）＋バ」の残存と目される。

一方、関東地方ではナケレバ類が広く分布する。このうち千葉、東京、神奈川、山梨、静岡東部は末尾融合した拗音形「行かナキャ」、長野は「行かナケリャ」である。さらに東北地方（宮城中南部、福島）でもナケレバ類が確かめられるが、この地域は拗音形ではない。また宮城南部に併用形式としてタラ（行かナカッタラ）も認められる。

その他、東北地方は広くネバ類が分布する（青森、岩手、秋田、宮城、山形北部、新潟）。

このネバは前節で述べたとおり、形容詞の無活用化のひとつで仮定形 nai ＋ ba>nɛba・neba という音変化を経て生じた可能性が高い。

この他、山形中南部では「行かネート」、「行かネゲバ」が散見される。新潟中南部は「行かンケリャ」でバを脱落した形式である（先述のとおり九州にも同形式あり）。

全体的にみると、近畿地方を中心に「仮定形＋バ」によらない接続助詞タラ・ナラ・トが発達し、それを囲うように東西で「仮定形＋バ」の末尾融合した拗音形が分布し、さらに東北地方から北関東にかけて、および九州地方ではバを残すという分布が示された。

三　当為表現（後項部）の様子

次に、後項部の禁止表現を前項同様、当為表現からみる。

ＧＡＪ二〇七図によると、近畿地方は四形式、ナラン類、ナン類、イカン類、アカンが認められる。まず、全域にナラン類が分布するなか、ナン類が京都、奈良、和歌山、三重に点在し、イカン類が大阪南部（広島・四国全域・九州にもナランの併用形として存する）、アカンがナラン類の併用形式として滋賀、大阪、兵庫、和歌山、福井、愛知に散見される。ナン類はナランの「ラ」が落ちた形か。またアカンは、「らちあかん」の「らち」が省略された形であると推察される。『日本方言大辞典』には「らちが明かん」の項に「だめだ。いけない。役に立たない」の意味の使用地域として香川県や愛媛県周桑郡、喜多郡を挙げている。

関東地方はナラナイ類が広汎に分布し、イケナイ類が東京・神奈川・千葉に、オエナイ類が千葉県房総半島にまとまっている。変化については、中国・四国地方とともに後述する。

東北地方に目を向けると、四形式ナラナイ類、マエネー類、ナイ類（ネー）、デキン類が認められる。

ナラナイ類が広く分布するなか、各形式が散在、併用されている。

青森西部（津軽）にマエネー類がある。これは小林（一九四四）および（一九五〇）によると「間に合わない」が訛ったものであると解釈し、東条（一九五三）はこれを支持し、藤原（一九九七）も同見解を述べている。一方、柳田（一九五一）は「マァイイ」説を主張している。これに対し松本（二〇〇〇）は、イカンを（行かぬ）と解釈すると、[注3]マエネー・マイネは（参らぬ）であるとするが、語源は不明である。[注4]

また秋田南部はデキン類が分布する。これは前項の条件節に対して事態の成立が不可能を表すところから派生し、禁止の意になったのだろうか。

青森、岩手中南部から宮城全域にかけてと、日本海側の秋田北部、山形、新潟にナイ類が分布する（形式は、行かネバナイ（ネイ・ネー等含む）・行かナクッチャナイ）。この形式は、各方言辞典類の禁止表現にも記載が認められず、当為表現特有の形式といえよう（次節の禁止表現にも現れない）。前項の条件句とともにナケレバナラナイ・ナクテワイケナイのように成句として使用されるため、ナラナイの「ナラ」が落ちたとも考えられる。なお、同類事項のン類（行かナン、行かニャーン）が福岡南部・熊本に散見される。

四国地方は、イカン類が全域に分布し、愛媛にイケン類、徳島にナラン類がある。

中国地方は三形式あり、イケン類が広汎に分布するなか、オエンが岡山に、ナラン類が島根沿岸および山口に分布する。松本（二〇〇〇）ではオエンがイケンより内側に分布していることから、イケン＞オエン＞イカンと伝播したと推測している。そこで先にみた関東地方に目を向けると、千葉南部にオエナイ（オイナイ）類とイケナイ類が両形式分布している。沿岸部にオエナイ類があり、その内側にイケナイ類があるため、推測の裏付けになるともいえる。だが、イケナイ類は東京・神奈川にも分布しており、これらの地域ではオエナイは認められない。なお、文献において管見のかぎりオエナイ類の用例は確認できず、江戸からの伝播というよりは、その地の方言であるとも考えられる（オエナイは「手におえない」からの派生か）。しかし、『江戸語辞典』に「おえない」が「手におえない、始末が悪い、どうにもならぬ、おいねえ」と記載があることから江戸から発信されたとも解される（以下、用例は『江戸語辞典』による）。

○金さへ出せば、命をたすかる。そんなら金を出さねへとおへないな　（安政『新口花笑顔』）

○質屋も毎日催促に足を運べば、ぶち打擲、イヤハヤおへない代物でござります　（文政『鶴毛衣後』）

○おえねへ婆アじゃアねへか　（文化『当穐八幡祭』）

いずれも「手に負えない、手に余る、どうしようもない」の意である。調査範囲内では検証できないが、「金を出さないとどうしようもない→金を出さなければならない」のようにオエナイが「だめ、いけない」という禁止へと意味拡張を起こしたのであろうか。ただし、地図上では房総半島南端にあり、土着の表現であるとも目される。

また、オエンの例は文献では管見のかぎり認められない（『近世上方語辞典』にも記載なし）。そのため、オエン類は都からの伝播なのか、それともその土地の方言であるのかわからない。ただし、静岡西部にオエンがあり、近畿地方を挟んで東西に分布しているため、オエンは都からの伝播であるとも予測できる。[注5]なお、NLJにも分布が確認できる。

つづく九州地方には、六形式（ナラン類、イカン類、イケン類、デケン類、スマン類、ン類）がある。全域にナラン類が分布し、イカン類が福岡、大分、佐賀、宮崎、鹿児島に、イケン類が大分に散見される。また長崎および佐賀にデケン類が、鹿児島にスマン類がある。デケン類は東北地方のデキン類同様、前項の事態の成立が不可能であることから転じて禁止の意になったと考えられる。スマン類も事態成立が不可能であることを表現した「気が済まない」から転じたと推測される。

以上のように、当為表現の後項部は否定助辞ヌ・ナイの東西分布が基層するところに、東西に同類事項が存在し（ナラヌとナラナイ、オエンとオエナイ等）、方言周圏論的分布を呈しているとまとめられる。

四　禁止表現の様子

GAJ二二六図「（孫にむかって）そっちへ行ってはいけない」の分布は、前節の当為表現とは大きく異なる。

近畿全域および福井にアカンが広く分布している。それを挟む形で東西にイカン・イケンが分布する。このうちイカンは東では静岡西部、愛知、長野、石川に、西では四国および福岡、大分、佐賀、宮崎、鹿児島と広汎にわたる。対するイケンは、東は長野、新潟、岐阜、西は鳥取、島根、広島、山口、愛媛、高知、佐賀、宮崎・鹿児島（島嶼部）にみられる。

また岡山と静岡西部にオエンがある。ナイ系のオエナイ（オエネー）は千葉県房総半島に認められる。先述したとおり、松本（二〇〇〇）はイケンがオエン、イカンより外側に分布している点を指摘し、イケン＞オエン＞イカンと変化したと推測するが、この分布のみでは判断できない。

関東地方には広くイケナイが分布し、併用形式としてダメが認められる。ダメは東北、関東、北陸、中国、四国、九州と近畿以外の地域に広範に存在する。[注6]『日本方言大辞典』には「台なし、予定が狂うこと、らちが明かない」の意でダメが東北地方に記載されている。このため、東日本で発達したといえるだろう。東北のダメが南下し、各地に散見されるに至ったか。それとも、その他の地域のダメは共通語としてのダメが全国に伝播したのであろうか。そう考えるとなぜ近畿地方に認められないのかが疑問に残る。アカンがダメを拒絶するほど強いのであろうか。後考に期したい。

そして岐阜、石川にダチカン、秋田にヤチカンがみえる。[注7]これは「らちあかん」が訛った形と解され、近畿地方にみえる新形式アカンは「らち」が落ちた「らちあかん」が再生したと思われる。

ワルイが秋田、福島、新潟および大分に散見される。これは事態が成立しないと「具合が悪い」という意から転じて、禁止の意になったと考えられる。方言辞典類にも記載はない。しかし、江戸語資料には否定助辞条件表現の帰結句にワルイを結ぶ例をみることができる。

○コレいやらしい事よしてくれ。帰らにやわるひ　（『傾城界四十八手』）

○鈴がないから口でいはねばしまひがさびしくてわるい　（『潮来婦誌』）

いずれの例も「よくない、好ましくない」という意味である。最初の例は「帰らねば具合が良くない

↓帰らねばならない」当為表現へと連なり、ワルイが禁止の意へ拡大する様子が示され、そしてこの用法が全国に伝播したと推測されるのである。[注8]

青森東部、岩手、宮城にワカンネーが分布する。なお『日本方言大辞典』には、同類事項のワカランが熊本に存するとあるが、GAJでは確かめられない。

佐賀、長崎、熊本北部にデケンが、秋田にナイ系のデキ（ギ）ネーがみえる。これは前節に述べたように、事態の成立が不可能であることを表していたのが転じて禁止の意になったと考えられる。

また、当為表現において広汎に認められたナラン類／ナラナイ類は、この地図では分布範囲が狭い。ナラン類は、九州地方のみ（福岡、大分、鹿児島）であり、ナラナイ類（ナンネー）も福島にのみ現れる。さらに、当為表現の近畿（京都、奈良、和歌山、三重）にみえたナン類は、こちらでは福岡南部、熊本南部に点在する。

第二節　NLJ

NLJには七九図「（孫にむかって）あの池のそばには行ってはいけない」と八〇図「（親しい友達にむかって）「おれはあした役場に行かなければならない」がある。GAJとは異なり、前項部後項部を区別せず、総合した地図であり、かつ前項部の恒常仮定条件では否定助辞の地図はないため、この二図を比較する。二図であっても後項部の禁止表現の差異は明確であり、かつ現在の実態を把握することができる資料として貴重である。

一　当為表現の様子

まず当為表現後項部から整理する。ＧＡＪに示された方言周圏論的分布が現在でも保持されていることが明らかとなった。具体的には、ナラン／ナラナイ（ナンナイ等含む）、イカン・イケン／イケナイ、ン／ネ（ナイ）が東西分布で示された。この順にみていく。

ナラナイ類は関東地方および東北地方に分布する。対するナラン類は北陸地方、東海地方、近畿地方、九州地方に多い。なお、九州地方を除く近畿・北陸・岐阜、長野南部にラが脱落したナン形もみえる。

イケナイ類は東京・神奈川東部、千葉、埼玉の関東地方から長野北部にかけて分布し、ナラナイ類の併用形式として使用されることが多い。なお、千葉県の併用形式はその他であり、注意を要する。ＧＡＪでも千葉のイケナイ類の併用形式はオエナイ類であり、千葉の義務表現形式を検証する必要がある。

一方、イカン類は静岡西部、愛知、京都、大阪、兵庫、および四国地方、福岡西部、宮崎、鹿児島と九州地方にも広範に散見される。イケン類は、中国地方および愛媛、福岡東部である。イケナイ類とイカン・イケン類を比較すると、西日本のイカン・イケン類が広範に分布している。

ン類は、熊本南部に集中し、ナイ類（ネエ＞ネ）は新潟北部以北の東北地方に広く存する。

このように、否定助辞ン／ナイの東西分布をベースに、ナル系・イク系が周圏論的分布を成している。

そして近畿地方を中心に、アカン類がみえる。近畿以外では岐阜に孤存、福井にまで拡大しており、

ＧＡＪよりアカンの分布の拡がりが認められる。

この他、特徴的な形式を列挙する。青森西部（津軽地方）にマネ類が、岡山にオエン類が集中している。加えて、大分・宮崎にデキンがある。ＧＡＪでは津軽地方にマエネー類が分布しており、エが脱落したものと考えられる。また、オエンのナイ系オエナイが関東地方に散見されたが、当地図には見当たらない。[注9]

つづいて、前項部をみる。関東地方ではナケレバ系とナクテワ系の二種が存する。ナケレバ類は東京、神奈川、静岡東部、山梨東部、長野北部、埼玉、栃木、群馬、千葉、茨城、福島、新潟に分布する。そしてナクテワ類は、埼玉以北、千葉・茨城の県境、栃木、群馬、長野北部、神奈川である。ナケレバ類が首都圏に広範囲に分布している。

近畿地方はどうか。近畿地方を中心にナが福井、岐阜に孤存する。この他、ンが近畿、北陸地方に分布する。近畿を挟んで東西にニャ類がある。東は静岡西部、山梨西部、愛知、岐阜、石川にあり、西は中国、四国地方および九州である。ＧＡＪの分布よりニャは西に拡大していることが示された。

そして接続助詞バを残すネバ類は、北海道、東北地方に広く分布し、ンバ類は熊本南部、鹿児島にある。なお、広島、山口、長崎のンニャが注目される。これはンバが末尾融合し、拗音化したのだろうか。ネバ形の歴史を推定するうえで見過ごせない。

ＧＡＪと比較すると、東日本ではそれほど大きな変化は見受けられないのに対し、西日本は近畿地方の形式が拡大する傾向が認められた。特に九州地方に残存したバ形は狭くなり、ンニャと姿を変え、西日本の変化の速さが明らかとなった。

二　禁止表現の様子

七九図は直接的な禁止表現イクナ類（イクンジャーネー等）と条件形式＋禁止のイッテワイケナイ類の二種が存する。本書は禁止表現と当為表現後項部との比較を目的としているため、前者は考察から除外する。

禁止部分を概観すると、関東地方にはイケナイおよびダメ類が広く分布する。イケナイは関東および長野に分布する。ダメはさらに広く、北は北海道、南は九州とと全国的に分布している。しかし、これから述べる近畿・四国地方には皆無である。GAJでは四国にも分布していたが消滅したのだろうか。

その近畿地方は、アカンが広範に広がり、東は岐阜、富山まで、西は徳島、岡山まで分布する。前節の当為表現ではナラン類、イカン類であったが、禁止用法では異なる。そして近畿地方を挟むようにイカンが愛知、静岡西部、山梨西部、西は四国・九州全域と広範囲に分布する。イケン類は中国地方から愛媛、大分にまで及ぶ。

その他の細かい語形は、青森にマイネ類（当為表現より分布が広い）、ダチカン・ダシカンが富山、石川に認められる。これらはラチアカンの訛形と目されるが、当為表現ではナラン（ナン）類であった。オエンが岡山にみえるが、当為表現より限定的である。

当為表現と比較すると、ナラン類は認められないこと、アカンの分布が広く、ダメが共通語として全

国的に分布していることが指摘できよう。ただし、共通語ダメを近畿・四国地方では受容しない理由は不明である。[注10]

次節ではGAJにおける各表現形式の比較・対照を試み、当為表現の特徴を明らかにする。

第三節　両図の比較・対照

本節では、当為表現前項部と恒常仮定条件を、当為表現後項部と禁止表現の分布状況を比較・検証する。前節同様、前項部、後項部の順にみていく。

一　仮定条件（前項部）の分布模様

当為表現前項部（GAJ二〇六図）と恒常仮定条件（同一五三図）を比較すると、当為表現はバによる形式（末尾融合形を含む）が保持されているのに対し、仮定条件はタラやナラといった接続助詞による形式が多く、その点が大きく異なる。

近畿地方をみると、恒常仮定ではイカナンダラが分布するなか、和歌山、奈良、兵庫、大阪にイカンダラが散在する。それに対し、当為表現ではン類が広く分布し、ナ類が福井、滋賀、奈良、大阪、和歌山、兵庫、鳥取、四国、九州にある。恒常仮定においてナ類は愛知、岐阜、福井、石川および島根、鳥取、愛媛にみられ、当為表現では同地域ではニャ（ー）類が分布する（愛媛を除く）。この分布により、ニャ＞ナという変化が推察され、さらに接続助詞タラを用いるようになった歴史が予測される。先に仮定条件では接続助詞ナラ・タラ等用いられる点が当為表現と異なることを述べたが、ナ類の分布を比較すると仮定条件では近畿以外（中部・中国・四国・九州地方）に示されるのに対し、当為表現では近畿中央部に分布する。そのため、仮定条件に比べ当為表現の方が一段古い分布形態を保持しているといえよう。つまり、仮定条件においてバによるものからタラ・ナラへと変化した歴史[注11]が読みとれる。それは東日本においても西日本と同様にバ脱落、タラ採用という変化が認められる。

関東地方では、仮定条件はイカナキャであり、ナケレバの末尾融合形が分布している。当為表現においても東京・千葉北部・神奈川・静岡以東では末尾融合形が使用されているが、茨城、栃木、千葉南部ではナケレバとバを保持している。仮定条件でバを保持しているのは、栃木、群馬、茨城、福島であり、北部ではバを保持するが、南部では拗音化を起こしている。

また恒常仮定においてナケレバであった福島は、当為表現では東部はナクテワ類、西部はン類が使用される。このため、仮定条件ではナケレバ、当為表現はナクテワ類という使用区別があることがわかる。そして当為表現にみられるナクテワ類は宮城、岩手南部にまで及ぶ。この分布から、東日本におけるナケレバ類、ナクテワ類をまとめると、ＡＢＡＢ型分布とまとめられる。

東北地方は両図ともに広くネバが分布する。ただし、仮定条件において山形では「行かネート」、「行がネゲバ」であるのに対し、当為表現はネバ、もしくはン類である。

一方、西日本をみていくと、恒常仮定では岡山、鳥取にニャ・ナ類、それより西は「行かンニャ

（ア）」である。また、四国は香川、徳島東部、愛媛西部に「行かナンダラ」、それ以外はニャ・ナ類が分布する。対する当為表現では、中国地方全域にニャ（ー）類が分布するなか、鳥取にナ類、広島・山口ンニャー類が、山口（九州側）にン類が散見される。四国は、愛媛、高知、徳島以西にニャ（ー）類、香川、徳島以東、愛媛はナ類である。

さらに九州地方をみると、恒常仮定では、ニャ・ナ類が全域にあり、佐賀にンナラ（バ）、長崎・熊本に「行かンバ」、宮崎沿岸部にナケリャが示される。当為表現においても全域にニャー類が分布し、福岡・熊本・鹿児島にナ類、福岡・宮崎にン類、長崎・佐賀・熊本南部にンバ、鹿児島にンニャーが分布する。

さらに、仮定条件においてはナラ、タラ形式を存することから、当為表現は、仮定条件のナラ・タラの出現する前の古態的な様相をもっているといえよう。[注12]

二　禁止表現（後項部）の分布模様

当為表現後項部（GAJ二〇七図）と禁止表現（同二二六図）を比較すると、前項部同様、当為表現の方が禁止表現に比べ古い分布を保持しているのがわかる。

西日本からみていくと、近畿地方において当為表現ではナラン類が全域に分布し（中部・北陸・中国・九州にまで及ぶ）、イカンが大阪南部に（四国、広島、九州にも散見）、アカンが滋賀、大阪、奈良、和歌山、兵庫（この他、福井・愛知）に分布する。それに対し、禁止表現では、近畿地方一帯にアカンがあり、併用形式としてイカンが京都、兵庫、大阪、和歌山、三重（この他、北陸、愛知、岐阜、四国、広島、九州）に分布している。またイカンに似たイケンは、当為表現では中国地方および愛媛にみられるのに対し、禁止表現では、中国地方および宮崎に確かめられる。この分布から、ナラン＞イカン・イケン＞アカンという歴史が考えられるが、[注13]断定できない。さらに資料を増やして考えたい。

また九州地方においては、当為表現ではナラン類が全体的に分布し、イカン類が福岡、佐賀、鹿児島に、イケン類が大分、デケン類が長崎、佐賀、ン類が熊本、スマン類が鹿児島に認められる。

対する禁止表現は、ナランが当為表現に比べて狭い分布状況を示している。ナランは福岡、宮崎、熊本に、イカンが福岡、佐賀、長崎、宮崎、鹿児島、イケンが佐賀、宮崎に、ワルイが大分沿岸、デケンが佐賀、熊本、ダメが宮崎に散見され、当為表現に比べると形式も多く、多様な表現形式が用いられていることがわかる。換言すれば、当為表現は形式が限定され、かつ変化の様子も禁止表現に比べ遅い（古い分布を保持している）とまとめられよう。

一方、東日本をみると、当為表現では関東地方から東北地方にかけてナラナイ類が広く分布し、東京・神奈川・千葉にイケナイ類が、千葉南部にオエナイ類、青森東部、岩手中南部から宮城にかけてと秋田北部と山形から新潟北中部にかけてナイ類、秋田中南部にデキン類、青森津軽地方にマエネー類が分布する。東のマエネー類、西のスマン類を除く諸形式は、東西において同類事項が示された点が注目されよう。否定助辞ヌ・ナイの模様がここでも示されたが、東西において同類事項形式が示された点は当為表現の大きな特徴であり、この模様は方言周圏論的分布を呈しているといえる。つまり、都から同

類事項が東西に伝播したであろう歴史が推察されるのである。[注14]

つづいて禁止表現をみていく。関東地方はイケナイ類が広く示され、併用形式としてダメが各地にみえる。

そして東北地方は、青森東部・秋田・岩手・宮城にワカンネーが分布する。青森津軽地方はマエネー類、秋田はワカンネー類の併用形式としてヤチカン、デキネー、山形ではワルイ、新潟はナランが分布し、この他ダメが東北各県および関東甲信越・中部・北陸地方に散見される。

当為表現との相違点に注目すると、当為表現は関東地方ではナラナイ類が一般的でイケナイがごく狭い分布であるのに対し、禁止表現ではナラナイ類は福島にのみみえ、関東一円はイケナイ類である。また、東北地方においても当為表現ではナラナイ類が広く占めていたが、禁止表現はワカンネー等多彩な表現形式が使用される。このように、禁止表現に比べ当為表現で古い模様が示された理由は、当為表現が前項部と後項部をあわせた成句的表現であるため、単独の禁止表現に比べて形式が限定的となり、古態性を保持する傾向が強くなったと推察される。

本章のまとめ

以上、当為表現と類似表現の分布を比較した。その結果は以下のようにまとめられよう。

○当為表現は、前項部・後項部ともに類似表現に比べ形式が限定され、一段古い分布模様を示している。前項部は近畿地方にナ類が新形式として分布するのに対し、恒常仮定条件では近畿を囲う東西（中部・北陸、中国・四国）に認められ、都から伝播した様子が示された。後項部においても同様で、当為表現ではナラン／ナラナイが全国に広く分布していたのに対し、禁止表現ではその分布は限定される。

○当為表現前項部および恒常仮定では、近畿はバによらないン類、ナ類が分布するのに対し、関東ではなおバが維持されるという、東西で異なる様子がみられる。しかし、恒常仮定においては、接続助詞タラ・ナラが多用されるのに対し、当為表現ではみられない点が異なる。

○当為表現後項部は、東西に同類事項が存在し（マエネー類、スマン類を除く）、方言周圏論的分布を示す。禁止表現においても、ナラン／ナラナイ等東西で対応する形式は認められるが、ダメ・ワカンネー・ワルイ等個別の形式も多く存在し、周圏論的分布とはいいがたい。

以上、ＧＡＪおよびＮＬＪにおける類似表現との比較・対照により、文献では得られなかった各地の様子が明らかとなった。従来、当為表現の先行研究が文献資料（中央語）を中心に行われていたことを考えると、本章の全国を視野に入れた分布解釈は、文献国語史では不足していたところを推察する点で有用なものになると考える。しかし、各形式の伝播の様子等課題が残っている。

注

1　ＧＡＪ一五三図「あんなところに行かなければ良かった」は当為表現と同じ恒常仮定条件に属すが、当為表現と異なる点は、過去の事実に反する仮定（反実仮想）を表しているところである。なお、反実仮想は小林（一九九六）では非完了性仮定条件に属しており、各研究者によって分類が異なる。

2　第二章において、ナイケレバがナケレバ、ナイデハがナクテワに変化すること、そしてナクテワがナケレバより後に出現し、かつその初出例は当為表現であることを述べた。また、第二章にみた大橋地図の分布からも裏付けられる。

3　神部（二〇〇七）によると、イケナイは「行ける」の否定形であると述べている（四九頁）。

4　当為表現の後項部は禁止表現であるが、意味は相手の動作を禁止することから離れ、「当然〜すべきである」という意味になっている。このため、禁止の代わりに「〜しないとどうにもならない（オエナイ）」「〜しないと悪い」等、発想法を変えた多様な形式が現れたと推測される。

5　江端（一九八一）によると、オエンが浜名湖周辺で老年層にのみ使用され、少年層には認められないという。このため、オエン・オエナイ類が退縮形式であると予測される。こう考えると、オエンは都から伝播し、この地に残存したとも考えられる。

6　西日本にみえるダメはイカン類、イケン類、ネー類の併用形式であり、加えて点在するのみであり、関東・東北地方のような広範囲の分布とは大きく異なる。

7　GAJ二二六図「いけない」についての「解説」において、秋田に確かめられるヤチカンの語源は「埒いかない」に由来すると言う。さらに、秋田県教育委員会編（二〇〇〇）『秋田のことば』（無明舎出版四八五頁）に「失敗する」という意味で「やちかんする」という語形があがっていることを記しており、興味深い。

8 大分、長崎にもワルイ類が認められる。

9 地図のまとめ方に起因することも考えられる。岸江氏は、前項部と後項部に分け、組み合わせを集計し、出現件数が五以上のものを見出しとして採用している。四以下はその他としているため、「その他」が非常に多くなっている。

10 矢島（二〇一三）の否定的当為表現（本書でいう禁止表現）の調査では明治落語速記、昭和落語音声に他（カナワン・アシ・ダメ・ドウ・（略））等がみえるが、用例が挙げられていないためどの形式かは不明である。ただし、昭和談話・平成談話にもダメが認められない点は注目される（三六四頁、表5）。

11 条件表現の歴史については、阪倉（一九五八）（一九七五）、小林（一九九六）、矢島（二〇一三）等に詳細な記述がある。順接仮定条件の場合、古代語において「未然形＋バ」は仮定条件、「已然形＋バ」は確定条件を表していたが、原因・理由を表すノデ・カラの発達、および近代語において「未然形＋バ」が消滅し、もともと確定条件の表現形式であった「已然形＋バ」が仮定条件を表すようになる。

12 当為表現と恒常仮定（反実仮想）では、以下の点が異なる。そもそも恒常条件とは、ある条件が成立する際には、必ず帰結句の事態が成立するという一般的・普遍的性格をもった表現であり、ナラ・タラといった仮定表現においても恒常的用法の場合に用いられる。そのため、反実仮想においては、ナラ・タラが多く現れた（反実仮想であるため、仮定的用法に近い）。それに対し、当為表現は前項部と後項部が成句として用いられるうえ（慣用句的用法）、恒常的意味合いが強いため、提示のハ（ナクテワ）や時間的前後関係を表すト（ナイト・ント）以外は〜バ形式を保持する。

13 オエンに関しては、二節で述べたとおり不明のため、今後各地の文献を調査し、考えたい。

14　第二・三章においてイケナイについて、上方からの伝播ではなく、類似の発想のもと独自に形成されたと推測した。この点については、さらに各地の資料を調査し、解明したい。

終章　近代日本語研究における中央語と方言

近世になると、各地において当時の中央語である上方語（前期）・江戸語（後期）と自方言を対比する方言書が数多く編まれた。例えば、一七四八年に編まれた『尾張方言』は京都語と尾張方言の対比が記されている。その後、後期になると『物類称呼』（一七七五）では全国の方言と京都語・江戸語との対比が挙げられ、本格的な方言書が多数編まれるようになる。

その後、明治の東京遷都に伴い、「標準語」選定のため、「教育ある東京人の話すことば」（上田萬年）、「東京山の手の教養ある人々の言語」（神保格）とすべきといった東京語を基盤とするようになった。序章でも述べたが、徳川氏が江戸に幕府を開いた当時、日本語の共通語は上方語を基盤とした状況にあった。前期は政治・経済・文化が依然上方の全面的な影響下にあるため、共通語は上方語であったが、次第に江戸語を基盤としたものへと移行し、今日に至る。本書が扱った日本語は、こうした時代背景があり、中央語のみならず、各地方言にもさまざまな影響があったものと推察される。

こうした近代日本語研究は、文献資料を扱う場合は、資料が多く残る上方語・関西語、江戸語・東京語を中心に研究がなされ、音声・音韻・語彙・文法等、各分野の史的変化および共時態について明らかにされている。また、方言学からは、各地の実態から歴史を推定、中央語（共通語）との影響関係のみならず、日本語形成論まで研究が進んでいる。

本書で扱った事象は、こうした先学の方法論に基づき、当為表現の史的変化、実態を明らかにすべく、二大中央語の文献資料を探り、その後比較的資料が豊富に残されている尾張方言を扱った。尾張地方は東西二大中央語の緩衝地帯に位置し、両中央語の影響が気になるところである。今後、中央語との影響関係、地域の方言的特色、相互の歴史的関係を考察していきたい。
ところで、文献資料に現れる言語とはどのようなものであろうか。江戸語資料で頻用される式亭三馬、十返舎一九をはじめ、当時の戯作資料には地方の方言話者のみならず、多彩な登場人物がおり、多様な言語情況がみえる。そのため、位相研究のみならず、多くの研究者が三馬・一九の資料を使用する。本章では、本書で明らかになった事象と課題について述べる。

本書は二重否定形式における当為表現を近世以降の東西二大中央語および尾張方言の歴史的変化を整理した。当為表現が否定助辞の条件表現に禁止表現を組み合わせた表現であるため、各表現との比較を中心に行った。その結果、江戸語資料では話者の階層のみならず、聞き手との社会的関係・親疎関係により使用する表現形式を選択することが明らかとなった。また、否定助辞に比べ、ヌ系からナイ系への変化は遅いが、条件形式においては当為表現が先にナイ系へと変化していったことが解された。その理由は、当為表現が成句的表現であるため、ヌ系とナイ系のゆれが少なく、転換が速やかに行われたものと推測される。

また後項部イケナイは、先行研究およびGAJの分布では関西から関東に伝播したとも読みとれるが、文学作品において上方語資料に比べ江戸語資料にその出現が早くみられること、江戸の周辺においても禁止表現にその使用が認められることから、関西から伝播したのではなく、類似の発想のもと独自に形成したと考えているが、明確な根拠はない。今後資料を補い、検証する。

なお、尾張方言においては、上方語の影響を強く受けながらも、江戸語・東京語の影響も見受けられる。GAJの禁止表現のダメは共通語の受容を意味する。一方、近畿地方では、当為表現および禁止表現においてもダメは認められず、アカン・イカンといった語形を用いる。こうした背景にはどのような要因があるのか、今後の課題とする。

さらに、GAJでは文学作品には現れない多様な形式が認められた。[注1] 各形式および分布解釈が課題として残ったが、GAJ、NLJと文学作品との比較により、文学作品に現れる形式、換言すれば文学作品に採用・記述される形式がどのようなものであるのかがみえてくる。それは、記述されることばは当時の共通語（江戸・東京の中心で使用されていた共通語）であり、話者の属性が上方者や田舎人であっても、それをその地の方言を反映していると鵜呑みにはできないことを意味する。また国定教科書においては、同時期の文学作品に比べ、古態性を呈しつつ規範となれる表現事項を選択的に取り入れる性格が認められた。

以上のような資料の性格、および制約を考慮しながら、GAJの各地域の言語状況から中央語の歴史を再確認し、修正することが肝要であると考える。同時に、諸方言の関わりについても考えていかなければならない。

ところで、湯浅（二〇一七・二〇一八）では尾張洒落本を用い、「外からみた江戸語」と題し、尾張方言において江戸語がどのように受容されているかの試みを行っている。尾張方言では、芥子川（一九七一）、彦坂（一九九七）をはじめ、上方語の影響について指摘されているが、江戸語に関しては彦坂（一九九七）に言及されるのみである。尾張は上方語・江戸語の二大中央語の緩衝地帯であり、当時の江戸の商業出版物も大量に流入していた。そのため、尾張洒落本には江戸語が意図的に用いられており、上方語のみならず、江戸語の影響を考える必要があろう。

なお小松（一九八五）には、

> 江戸語の特色を知るためには、江戸語を他の言葉と比べる必要がある。（中略）江戸語を何と比べるか、それによって浮かびあがってくる江戸語の特色は可変的であるが、従来多く試みられてきた比較を整理すれば、㈠上方語から見た江戸語の特色、㈡伝統的な規範から見た江戸語の特色、㈢東京語から見た江戸語の特色などになると思う。もちろん、このほかにもいろいろな特色の捉え方がある。殊に当時の周辺方言から見た江戸語の特色は重要な問題であるが、今のところ殆ど手がつけられていない状態である。（二一〇―二一一頁）

と指摘する。軽々に比較するのは慎むべきであるが、多角的な視点で江戸語を観察する必要があることは間違いないであろう。加えて、新しい資料の発掘も急がれる。

また、先述した資料に記述されることばについても配慮する必要がある。[注2]その際、ＧＡＪ、ＮＬＪをはじめとする方言地図との比較・対照が、歴史の推定、中央と地方との影響関係を考察するうえでますます有効であると考える。

注

1　田中（二〇〇一）に言及されるように、前項部の否定助辞条件表現、後項部の禁止表現以外のさまざまな表現形式（例、後項部ワルイ、スマナイ等）をどのように位置づけていくかが課題である。

2　鶴橋（二〇一六・二〇一七・二〇一八）は、式亭三馬、十返舎一九等の代表的な江戸語文献において書き手の創作意図を顧みる必要性を説いている。

おわりに

　卒業論文『江戸語における上方語的要素の衰退について』で意志・推量表現、否定表現、当為表現を扱ったのが、当為表現研究の端緒であった。大学院進学後は江戸語・東京語、上方語・京阪語の二大中央語を中心に考察を行った。方法は先行研究に倣い、文献資料を探しながらいくつかの論文ができた。その後、尾張をはじめ、他地方方言にも目を向けたが、調査のみで活字化せずに数年が過ぎた。東海大学に着任し、日々に忙殺されている中、そろそろ一冊にまとめるよう数人の方々から御助言を賜った。

　しかし、いざまとめるとなると、その都度書き記した断片的なもののため、体裁が整わず、資料性への言及や分布解釈等、欠けている点が多い。本来ならばすべて修正し、改稿すべきところであるが、諸事情から出版を急いだ。以下の既発表論文の重複分を削除したり、表現の一部を変更、加筆等改稿してまとめた。依然不足分はあり、この点は今後の課題とする（二〇〇八年三月に立命館大学大学院に提出した博士論文『近代日本語における当為表現』が下敷きとなっている）。

　以下、本書の各章と既発表論文との関係を示しておく。

第一章「江戸語における打消表現・当為表現のヌ系からナイ系の変遷について―話者と聞き手と社会的関係・親疎関係からの一考察―」『名古屋・方言研究会会報』第一八号　二〇〇一年五月

第二章「関東方言における当為表現―史的変化・分布からの一考察―」『論究日本文学』第七七号　二〇〇二年一二月
第三章「近世以降の東西方言における禁止表現の史的研究―当為表現との関わりから―」『論究日本文学』第九六号　二〇一二年五月
第四章「近世期尾張方言における当為表現」『名古屋・方言研究会会報』第二五号　二〇〇九年三月
第五章「近世期尾張方言資料における当為表現・禁止表現」『国語語彙史の研究』三七　二〇一八年三月
第六章「国語教科書における当為表現の変化―明治から昭和二〇年にかけて―」『論究日本文学』第八六号　二〇〇七年五月
序章・第七章・終章　すべて書き下ろし

本書をまとめる過程で、改めて日本語史の叙述方法や資料性についての課題をみつけた。また関連する条件表現等の史的動向、共通語と他地方との関連等、今後模索したいと思う。

なお、GAJ・NLJの整理には国立国語研究所ホームページ「方言研究の部屋」の各種情報および作図プログラムの恩恵を受けた。

最後に、出版頓挫が何度も頭をよぎる際、御指導いただいた彦坂佳宣先生、浅野敏彦先生、勉強会、西洋見聞集研究会で共に学んだ仲間が背中を押してくれた。とりわけ彦坂先生には在学時より二〇年もの間、真摯な御指導を賜り、感謝申しあげる。また、日本近代語研究会会員諸氏には発表時に御指導御鞭撻を賜った。加えて、東海大学文学部日本文学科の同僚にも感謝申しあげる。学生生活を過ごした京都では、彦坂萬智子先生、立命館大学の諸先輩をはじめ、多くの方々に支えていただいた。希望の進路を歩むことを許してくれた両親にも感謝したい。

また、本書の企画を御理解のうえ、刊行を御快諾くださった武蔵野書院にも深謝申しあげる。

（二〇一八年八月のおわりに）

参考文献

安藤正次（一九三六）『国語史序説』刀江書院
池上秋彦（一九九六）『国語史から見た近代語』東苑社
井島正博（二〇一三）「当為表現の構造と機能」『日本語学論集』第九号
井上赳（一九八四）『国定教科書編集二十五年』古田東朔編　武蔵野書院
江端義夫（一九八一）「禁止表現の多元的分布―中部地方域方言について―」『国語学』一二五
大木一夫・多門靖容（二〇一六）『日本語史叙述の方法』ひつじ書房
大島留美子（一九九〇）「噺本に見られる条件表現の様相（上）―仮定条件・偶然条件―」『専修国文』第四七号
大島留美子（一九九一a）「噺本に見られる条件表現の様相（中）―必然条件・偶然必然不定・恒常条件―」『専修国文』第四八号
大島留美子（一九九一b）「噺本に見られる条件表現の様相（下）―主要な表現形式について―」『専修国文』第四九号
大橋勝男（一九七六）『関東地方域方言事象分布地図』第二巻　表現法篇　桜楓社
大橋勝男（一九九〇）『関東地方域の方言についての方言地理学的研究』第二巻　表現法事象分布論篇　桜楓社
大西拓一郎（一九九七）「活用の整合化―方言における形容詞の「無活用化」、形容動詞のダナ活用の交替などをめぐる問題―」『日本語の歴史地理構造』明治書院

大西拓一郎編（二〇一六）『新日本言語地図―分布図で見渡す方言の世界―』朝倉書店
岡崎正継（一九八〇）「順態接続助詞『と』の成立について」『國學院雑誌』八一―三
奥村彰悟（一九九六）「江戸語における「ないければ」―洒落本における打消の助動詞を用いた条件表現―」『筑波日本語研究』創刊号
奥村彰悟（一九九七a）「「ないければ」から「なければ」へ―一九世紀における打消しの助動詞「ない」の仮定形―」『日本語と日本文学』二五
奥村彰悟（一九九七b）「明治期における「んければ」」『筑波日本語研究』第二号
奥村彰悟（一九九八）「江戸語における形容詞型条件節表現の変化―助動詞「ない」との関連―」『筑波日本語研究』三
奥村三雄（一九九〇）『方言国語史研究』東京堂出版
小田切良知（一九四三）「明和期江戸語について―その上方的傾向の衰退―」『国語と国文学』二〇―八・九・一一
金沢裕之（一九九八）『近代大阪語変遷の研究』和泉書院
上村孝二（一九九八）『九州方言・南東方言の研究』秋山書店
金田弘（一九五九）「江戸語と関東方言」『国語と国文学』三六―一〇
金田弘（一九六九）「打消の助動詞　二　ない」松村明編『古典語現代語助詞助動詞詳説』学燈社
神部宏泰（一九九二）『九州方言の表現論的研究』和泉書院

神部宏泰（二〇〇七）『方言の論理―方言にひもとく日本語史―』和泉書院
岸田浩子（一九七四）「近世後期上方語の待遇表現―命令表現を中心に―」『国語国文』第四三巻第三号
京極與一（一九八八）「明治期国語教科書における用語の選定について―否定辞を中心に―」『国語と国文学』六五―一一
金田一春彦（一九七七）『日本語方言の研究』東京堂出版
芥子川律治（一九七一）『名古屋方言の研究』泰文堂
神戸和昭（一九九三）「近世語資料としての江戸戯作の写実性に関する一検証―『浮世風呂』における合拗音の表記を中心に―」『語文論叢』二一
小島俊夫（一九七二）「会話篇（E.Satow）にあらわれた江戸ことば」『国語国文』四一―五
小島俊夫（一九七四）『後期江戸言葉の敬語体系』笠間書院
五所美子（一九六八）「式亭三馬の言語描写についての一考察」『語文研究』二六
此島正年（一九七三）『国語助動詞の研究』桜楓社
小林賢次（一九九六）『日本語条件表現史の研究』ひつじ書房
小林隆（二〇〇四）『方言学的日本語史の方法』ひつじ書房
小林隆（二〇〇七）「方言形成における中央語の再生について」科学研究費補助金基盤研究（B）『日本語方言形成モデルの構築に関する研究』（研究代表者　小林隆）研究成果報告書
小林千草（一九七三）「中世口語における原因・理由を表す条件句」『国語学』第九四集

小林千草（一九七七）「近世上方語におけるサカイとその周辺」『近代語研究』第五集　武蔵野書院
小林好日（一九四四）『東北の方言』三省堂
小林好日（一九五〇）『方言語彙学的研究』岩波書店、今は（一九七四）岩波書店による
小松寿雄（一九七七）「江戸語の形成」『松村明教授還暦記念国語学と国語史』明治書院
小松寿雄（一九八二a）「近代の文法Ⅱ（江戸篇）」（第六章）『講座国語史4文法史』大修館書店
小松寿雄（一九八二b）「浮世風呂における連母音アイと階層」『国語と国文学』五九―一〇
小松寿雄（一九八五）『江戸時代の国語　江戸語』東京堂出版
小松代融一（一九五四）『平泉方言の研究　岩手方言研究』第一集　岩手方言研究会
佐伯哲夫（一九九三）「ウとダロウの職能分化史」『国語学』一七四集
阪倉篤義（一九五八）「条件表現の変遷」『国語学』三三（（一九七五）『文章と表現』角川書店　所収）
阪倉篤義（一九九三）『日本語表現の流れ』岩波書店
坂梨隆三（一九七三）「江戸時代の打消表現について」『岡山大学法文学部学術紀要』三三号
坂梨隆三（一九八七）『江戸時代の国語　上方語』東京堂出版
坂梨隆三（一九九五a）「打消の助動詞「ない」の発達」『人文科学紀要』第一〇二号
坂梨隆三（一九九五b）「いけねへ・いかねへ・いかれねへ」『築島裕古稀記念国語学論集』汲古書院
迫野虔徳（一九九八）『文献方言史研究』清文堂書店
澤村美幸（二〇一一）『日本語方言形成論の視点』岩波書店

渋谷勝己（一九九八）「江戸語・東京語の当為表現－後部イケナイの成立を中心に－」『日本学報』七
渋谷勝己（一九九三）「日本語可能表現の諸相と発展」『大阪大学文学部紀要』三三－一
島田勇雄（一九五九）「近世後期の上方語」『国語と国文学』三六－一〇
園田博文（二〇一六）「『官話指南総訳』（明治三八年刊）の日本語―当為表現・ワア行五段動詞連用形の音便・人称代名詞を手がかりに―」『近代語研究』一九　武蔵野書院
園田博文（二〇一七ａ）「文求堂主人田中慶太郎訳『東語士商叢談便覧』の日本語―人称代名詞・当為表現・ワア行五段動詞連用形の音便を例として―」『山形大学教職・教育実践研究』第一二号
園田博文（二〇一七ｂ）「中国語会話書における二重否定形式当為表現「ネバナラヌ」類の推移―幕末から昭和二〇年までの資料を中心に―」（第四〇三回　国語学研究会発表資料）
武井睦雄（一九六五）「江戸語打消表現についての一報告―洒落本における「ぬ」「ない」両系列の相関―」『国語研究室』四
竹村明日香（二〇一六）「『上方はなし』コーパスを通してみる京阪方言語彙―近世上方語及びナラン・イカン・アカンの諸相―」『国語語彙史の研究』三五　和泉書院
田中章夫（一九七七）「近代語における複合辞的表現の発達」『松村明教授還暦記念　国語学と国語史』明治書院
田中章夫（一九八三）『東京語―その成立と展開―』明治書院
田中章夫（一九九九）『日本語の位相と位相差』明治書院

田中章夫（二〇〇一）『近代日本語の文法と表現』明治書院（田中章夫（一九六七）「江戸語・東京語における当為表現の変遷」『国語と国文学』四四・四および田中章夫（一九六九）「近代東京語の当為表現」『佐伯梅友博士古稀記念国語学論集』表現社所収）
土屋信一（一九八一）「江戸語資料としての式亭三馬滑稽本―助動詞『べい』の使用を中心に―」『馬淵和夫博士退官記念国語学論集』大修館書店
土屋信一（一九八七）「江戸語共通語をめぐって」『香川大学国文学研究』一二
鶴橋俊宏（二〇一六）「式亭三馬『四十八癖』の江戸語について」『言語文化研究』第十五号
鶴橋俊宏（二〇一七）「十返舎一九洒落本の江戸語に関する一考察」『言語文化研究』第十六号
鶴橋俊宏（二〇一八）「式亭三馬滑稽本における自称代名詞ワッチ」『言語文化研究』第十七号
寺川みち子（一九八四）「尾張方言の当為表現―シナランとナカン―」『徳島文理大学文学論叢』一
寺田洋枝（一九九五）「江戸語におけるハ行四段動詞連用形の音便形について―江戸噺本を資料として―」『國学院大学大学院文学研究科』第二七号
東条操（一九五三）「方言と古語」『国語学』一一
中村通夫（一九四八）『東京語の性格』川田書房
中村通夫（一九五九）「江戸語における打消の表現について」『中央大学文学部紀要16文学科』七
中村通夫（一九六二）「江戸語について」『中央大学文学部紀要文学科』一一
中村通夫（一九七六）「現代共通語の性格（一）」『中央大学文学部紀要文学科』二七

中村幸彦（一九六七）「型の文章―近世文学研究における文体論の基礎検討―」『文学語学』四五号
中村幸彦（一九七一）「近世語彙の資料について」『国語学』八七集
野林靖彦（一九九六）「「～ベキダ」「～ナケレバナラナイ」「～ザルヲエナイ」―3形式が表わす当為判断の連関―」『東北大学文学部日本語学科論集』第六号
彦坂佳宣（一九九七）『尾張周辺を主とする近世期方言の研究』和泉書院
彦坂佳宣（二〇〇一）『全国方言地図と文献との対照による助詞・助動詞の発達・伝播に関する研究』平成一〇年度～一二年度科学研究費補助金基盤研究（C２）研究成果報告書
彦坂佳宣（二〇〇二a）「日本語方言における意志・推量表現の交渉と分化―『方言文法全国地図』の解釈―」『国語論究』第九集　明治書院
彦坂佳宣（二〇〇二b）「地方語史の開拓と方言地理学」馬瀬良雄監修『方言地理学の課題』おうふう
彦坂佳宣（二〇〇五）「中国地方における意志・推量形式の方言史―ＧＡＪと「田植草紙」との比較から―」『日本語学の蓄積と展望』明治書院
彦坂佳宣（二〇〇六）『方言文法事象の伝播類型についての地理学的・文献学的研究』平成一四年度～平成一七年度科学研究費補助金基盤研究（C２）研究成果報告書
彦坂佳宣（二〇〇七a）「仮定条件法の全国分布とその解釈」『安達隆一先生古希記念論集』おうふう
彦坂佳宣（二〇〇七b）「日本語方言形成モデルの構築」科学研究費補助金基盤研究（B）『日本語方言形成モデルの構築に関する研究』（研究代表者　小林隆）研究成果報告書

彦坂佳宣（二〇一七）「東北日本海側における一段活用類のラ行五段化傾向」『立命館文学』第六五四号
飛田良文（一九九二）『東京語成立史の研究』東京堂出版
福島直恭（二〇〇二）『〈あぶない ai〉が〈あぶねえ e〉にかわる時—日本語の変化の過程と定着—』笠間書院
古田東朔（一九八〇）「明治期小学読本の文章における語法上の特色」『武蔵野文学』第二七集
前田桂子（一九九〇）「江戸噺本における否定の助動詞「ヌ」と「ナイ」の分布について—明和・安永期を中心に—」『国語国文学研究』二六
松尾弘徳（二〇〇三）「狂言台本における二重否定の当為表現—大蔵流虎明本・版本狂言記を中心に—」『語文研究』九五号
松崎安子（二〇〇二）「国定修身教科書における文末表現」『言語科学論集』六
松村明（一九五七）『江戸語東京語の研究』東京堂出版（今は（一九九八）増補版　東京堂出版による）
松村明（一九七〇）『洋学資料と近代日本語の研究』東京堂出版
松村明（一九七七）『国語史概説』秀英出版
松本修（二〇〇〇）「「全国ダメ・アカン分布図」を読む—不可能からよくない、さらに禁止・当為表現へ—」『国語語彙史の研究』一九　和泉書院
村上謙（二〇〇二）「近世後期上方における「動詞連用形＋や」について—連用形命令法と助動詞ヤルとの関連—」『国語国文』第七一号第六号

諸星美智直（一九八六）「国語資料としての帝国議会議事速記録現の—当為表現の場合—」『國學院大学大学院紀要文学研究科』一七
諸星美智直（二〇〇九）「John MacGowan“A manual of the Amoy colloquial”と三矢重松・辻清蔵訳述『台湾会話篇』」『国語研究』七二
柳田國男（一九五一）『毎日の言葉』創元社　今は（一九九三）新潮社による。
矢島正浩（二〇一三）『上方・大阪語における条件表現の史的研究』笠間書院（矢島正浩（二〇〇七）「近世中期上方語・関西語における当為表現の推移—条件表現史との関係から—」『国語国文』第七六巻第四号）
矢野準（一九七六）「近世後期京阪語に関する一考察—洒落本用語の写実性—」『国語学』一〇七
山崎久之（一九六三）『国語待遇表現体系の研究』武蔵野書院（今は『続国語待遇表現体系の研究』（一九九〇）武蔵野書院による）
山西正子（二〇〇二）「現代語における当為表現」『目白大学人文学部紀要　言語文化篇』第七号
湯浅彩央（二〇〇一）『江戸語・東京語における当為表現について』平成一三年度立命館大学大学院修士論文（未公刊）
湯浅彩央（二〇一七）「地方洒落本のなかの江戸語—尾張洒落本を例に—」『湘南文学』第五二号
湯浅彩央（二〇一八）「尾張洒落本に見る江戸語受容に関する一考察—助詞融合を例に—」『言語文化研究』第十七号

湯澤幸吉郎（一九三六）『徳川時代言語の研究』刀江書院（今は風間書房（一九七〇）による）
湯澤幸吉郎（一九五四）『江戸言葉の研究』明治書院（今は増訂版（一九八一）による）
『方言資料叢刊』第五巻「日本語方言の否定の表現」（一九九五）方言研究ゼミナール
『図説静岡県方言辞典』（一九八七）静岡県方言研究会　静岡大学方言研究会編
『長野県史方言編』全一巻（一九九二）長野県編

索引

〈さ〉

著者紹介

湯浅彩央（ゆあさ・さお）

1978年京都府生まれ。

2008年立命館大学大学院修了。博士（文学）。

立命館大学文学部助教をへて、現在、東海大学文学部専任講師。

主要論文

「『航米日録』の外国地名表記」（『立命館文学』第630号　2013年）

「『航米日録』に見る玉虫の表現意識―外国地名表現からの一考察―」

（『立命館国際言語文化研究』25巻3号　2014年）

「『御大工棟梁善藏ゟ聞覚控』の資料性―日本語史・近世以降の九州方言資料の対照から―」

（『言語文化研究』第14号　2015年）

近代日本語の当為表現

2019年3月5日 初版第1刷発行

著　者：湯浅彩央

発行者：前田智彦

装　幀：武蔵野書院装幀室

発行所：武蔵野書院

〒101-0054

東京都千代田区神田錦町3-11 電話03-3291-4859　FAX 03-3291-4839

印　刷：三美印刷㈱

製　本：㈲佐久間紙工製本所

ISBN 978-4-8386-0716-7 Printed in Japan